Leopold Chimani

Erzählungen und belehrende Unterhaltungen

aus der Länder- und Völkerkunde aus der Naturgeschichte, Physik und

Technologie

VERO Verlag

Leopold Chimani

Erzählungen und belehrende Unterhaltungen

aus der Länder- und Völkerkunde aus der Naturgeschichte, Physik und Technologie

ISBN/EAN: 9783737200318

Auflage: 1

Erscheinungsjahr: 2014

Erscheinungsort: Norderstedt, Deutschland

Hergestellt in Europa, USA, Kanada, Australien, Japan
Vero Verlag in Hansebooks GmbH

Cover: Foto ©Rainer Sturm / pixelio.de

VERO Verlag

Vorrede zur ersten Auflage.

Der Titel dieser Schrift zeigt die Tendenz derselben an. Ich habe Kinder vor Augen, die schon über eilf Jahre alt sind, und die Kenntnisse dieses Alters inne haben. Dieses sage ich in Rücksicht der Sprache und der Wahl der Gegenstände. Ich wünsche Kindern dieses Alters Lust zur Naturlehre, zur Länder- und Völkerkunde, zur Naturgeschichte und zur Technologie durch diese Schrift einzuflößen, und zugleich durch die Geschichten die Leselust der Jugend mehr zu reitzen. Sind diese Aufsätze, von denen viele originel, andere aus guten Schriften entlehnt, und nach meinem Zwecke umgearbeitet sind, nach dem Urtheile bewährter Richter hierzu geeignet, so fühle ich mich für meine Arbeit belohnt, und ich werde die Idee, die ich schon lange habe, realisiren, und eine Lese-Bibliothek für die Jugend schreiben, in welcher obengenannte Gegenstände hauptsächlich bearbeitet werden sollen. *)

Wien am 20. November 1808.

Der Verfasser.

*) Durch die Herausgabe des Vaterländischen Jugendfreundes (Wien 1814. zweyte Auflage 1827. bey Anton Doll), und der Vaterländischen Unterhaltungen VI Th. (Wien 1815 bey Anton Doll), und der Vaterländischen Merkwürdigkeiten VI Theile, habe ich dieses mein Versprechen erfüllet.

1*

Vorrede zur zweyten Auflage.

Jugendfreunde und gelehrte Zeitschriften haben kein ungünstiges Urtheil über diese Schrift gefällt. Diese Nachsicht suchte ich bey der zweyten Auflage dadurch mehr zu verdienen, daß ich überall, wo ich es nöthig fand, Verbesserungen anbrachte, und Zusätze beyfügte. Daher kann ich sie mit Recht eine verbesserte Ausgabe nennen.

Von der Erzählung: Der gebesserte Räuber, angefangen, sind die folgenden Lesestücke neu dazu gekommen, und ich glaube, daß diese Vermehrung des Inhaltes meinen geehrten Lesern willkommen seyn wird.

Ich wünsche dieser Auflage eben die gute Aufnahme, deren sich die erste erfreuet hat, und ich werde das Zutrauen, welches man dieser meiner Schrift schenkt, als eine Aufmunterung ansehen, noch länger die von meinen Berufsgeschäften freye Zeit zur Belehrung und Unterhaltung der mir so theuern Jugend zu verwenden. Gebe der Himmel, daß ich ihr noch länger nützlich seyn kann!

Wien am 26. März 1815.

Der Verfasser.

Der bestrafte Undank.

Thomas Jackson war der Sohn eines reichen Kauf=
mannes in London. Er hatte Anlage und Fleiß, und
machte in den Wissenschaften seines Alters und Standes
so gute Fortschritte, daß Lehrer und Aeltern mit ihm sehr
wohl zufrieden waren.

Aber manchen Fehler äußerte er, der seinen Aeltern
oft Herzenleid machte. Er war mißgünstig und habsüchtig,
und übervortheilte seine Geschwister bey jeder Gelegenheit.
Er hatte eine rauhe Gemüthsart und war für Mitleid nicht
empfänglich. Er zeigte nirgends ein empfindsames Herz, aber
oft Schadenfreude. Jene freundliche Gutmüthigkeit, welche
die Kinder so liebenswürdig macht, war ihm fremd; er neckte
gern Thiere und Menschen, und lachte bey ihren Schmer=
zen. Die Hunde und Katzen zog er, als er noch ein kleiner
Knabe war, bey den Ohren und dem Schwanze, und lachte,
wenn sie kläglich schrien. Wo er einem Thiere einen Hieb
oder Wurf versetzen konnte, da that er es mit Lust. Die
Vögel rupfte er lebendig, den Fliegen und Käfern riß er
die Füße, einen nach dem andern aus, und quälte sie zu
todt. War das nicht lieblos und grausam? Welches gute
Kind würde sich so etwas erlauben? Wo er seinem Bru=
der und seiner Schwester einen Bubenstreich spielen konn=
te, da that er es gewiß, und lachte, wenn diese weinten.
Konnte er von diesen oder von seinen Mitschülern einen

Fehler auffinden, so zeigte er ihn den Aeltern oder Lehrern an, und hatte heimlich eine herzliche Freude, wenn diese derb ausgezankt oder gestraft wurden. Die Armen wies er hartherzig ab, und nie konnte ein Unglücklicher Almosen von seinem Taschengelde erhalten. Mit den Dienstleuten ging er hart um, forderte jeden Dienst mit Ungestüm von ihnen, und half ihnen zu einem Verweise, wo er konnte. Bey Zank, Schlägereyen und Raufhändeln fand er sich gern ein, und suchte Gelegenheit und Veranlassung dazu. Die Schlachtbank des Metzgers war für ihn ein Belustigungsort, und wenn ein Soldat mit dem Stocke oder mit Gassenlaufen abgestraft wurde, so mußte er dabey seyn. Seine Aeltern merkten zwar diese Fehler oft an ihm, und weil sie mit Kummer einsahen, wohin diese bösen Neigungen führen werden, verwiesen sie ihm dieselben; aber meistens wußte er sich so zu beschönigen, als ob er noch so weichherzig und mitleidig wäre. Der Knabe war auch ein Heuchler; und an einem Heuchler sind die Fehler so schwer zu verbessern, als ein Kranker geheilt werden kann, der sein Uebel verbirgt, und sich gesund stellt.

So wuchs nun Thomas Jackson heran. Er wurde geschickt, aber hartherzig und fast grausam. Sein Vater fing nun an, mit ihm ernster zu werden, und machte ihm oft die bittersten Vorwürfe. Dieses war dem Knaben, der nach Ungebundenheit strebte, zuwider. Um nicht mehr unter der strengen Aufsicht seines Vaters zu stehen, entschloß sich Thomas Jackson in seinem siebenzehnten Jahre, mit einem Schiffe, welches man eben ausrüstete, nach Westindien zu gehen, und bath seinen Vater um die Erlaubniß hierzu. Dieser glaubte, daß die große Reise und die Erfahrungen auf derselben, unter fremden Menschen eine erwünschliche Aenderung in ihm hervorbringen, und das

Ungemach, das er dabey vielleicht würde leiden müſſen,
ihn zur Beſinnung führen, und geſchmeidiger, gefühlvoller
und mitleidiger gegen das Elend anderer Menſchen machen
könnten, und gab ſeine Einwilligung. Er verſah ihn mit
allem Nothwendigen auf die Reiſe, und gab ihm eine
Summe Geldes mit, um Waaren in Weſt-Indien ein-
zukaufen.

Das Schiff ſegelte ab, und nach einer langen und ſehr
beſchwerlichen Fahrt erblickten die Schiffer das feſte Land
von Amerika, und ankerten in einer kleinen Bay, von wo
aus der Capitän des Schiffes ein Both mit Matroſen ans
Land ſchickte, um Waſſer und Lebensmittel zu hohlen,
woran das Schiff Noth litt. Jackſon ſprang mit Vergnügen ins Both, und war voll Freude, daß er wieder
feſtes Land betreten konnte. Er ſtreifte mit ſeinen Gefährten herum, um Waſſer zu ſuchen. Sie entdeckten bald eine
Quelle, und kehrten wieder zum Bothe zurück, um Waſ-
ſerbehälter zu hohlen. Jackſon blieb bei der Quelle allein
zurück. Während die andern beym Bothe waren, machte
Jackſon einen Spaziergang in den Wald. Er ergötzte
ſich ungemein an den ſchönen Bäumen, dergleichen er nie
geſehen, und an dem herrlichen Geſange der fremden Vögel, das er noch nie gehört hatte, und entfernte ſich weit
von der Quelle, ohne daß er es merkte. Erſt bey der nahen Dämmerung kehrte er wieder um. Aber es wurde ſchon
dunkel, und er war noch nicht bey der Quelle, von der er
nur eine Stunde Weges entfernt zu ſeyn glaubte. Es
wurde allmählig finſter, und Jackſon irrte noch herum.
Jetzt merkte er erſt, daß er den Rückweg müſſe verfehlt
haben. Es wurde ihm angſt und bange; bey dem minde-
ſten Geräuſche befürchtete er, daß ein Raubthier oder ein
Wilder auf ihn losgehe. So irrte er bis Mitternacht her-

um, und ſtatt näher zu der Quelle oder an das Geſtade
zu kommen, entfernte er ſich immer mehr von derſelben,
und gerieth tiefer in den Wald. Kraftlos ſank er zur Erde
nieder, ſeine Füße konnten ihn kaum mehr tragen. Er be=
ſchloß auf einen Baum zu klettern, um vor wilden Thie=
ren ſicher zu ſeyn, und da die Nacht zuzubringen. Des
andern Tages machte er ſich mit Sonnenaufgange auf die
Beine, um die Quelle zu ſuchen, aber umſonſt; kein Aus=
gang aus dem Walde war zu finden, er verirrte nur im=
mer tiefer in denſelben. So ſtreifte er drey ganze Tage
herum, aber immer fruchtlos, er konnte nicht aus dem
Walde herausfinden. Sein Mundvorrath, den er in den
Taſchen hatte, war ſchon lange aufgezehrt, einige reife
Zitronen hatte er von ungefähr gefunden, an denen er ſich
erquickte. Nun war ſeine Lage die ſchrecklichſte von der
Welt. Entweder, dachte Jackſon, werde ich vor Hunger
hier ſterben, oder von wilden Thieren zerriſſen werden,
oder den grauſamen Wilden, welche vielleicht dieſe Inſel
bewohnen, in die Hände fallen. Er ſah gar keine Hoff=
nung mehr, ſich zu retten. Häufige Thränen ſtürzten aus
ſeinen Augen; abgemattet ſank er ins Gras hin, und hob
bittend ſeine Hände gen Himmel. Dieſes Gefühl der Ab=
hängigkeit von Gott, von dem ihm in ſeiner verzweifelten
Lage nur Hülfe kommen konnte, war die erſte Regung zum
Guten. Hätte er derſelben nur gefolgt, ſo wäre er nicht
ein vollendeter Böſewicht geworden. —

Die Matroſen hatten ihn indeſſen zwey Tage lang ge=
ſucht, und ihm durch Flintenſchüſſe Zeichen gegeben. Auch
Kanonen wurden auf dem Schiffe abgefeuert, um ihm an=
zuzeigen, in welche Gegend er ſeinen Weg zu richten habe,
und da gar keine Spur von ihm zu finden war, glaubte
man, daß er von einem Raubthiere zerriſſen, oder von

den Wilden getödtet worden sey. Man suchte ihn auch noch am dritten Tage mit aller Sorgfalt; da man aber nichts von ihm entdecken konnte, kehrten alle ins Both, und mit demselben zum Schiffe zurück. Am vierten Tage wurden die Anker gelichtet, und das Schiff segelte weiter.

Jackson war indessen ganz entkräftet eingeschlafen; bald aber wurde er durch ein Geräusch aufgeweckt. Als er die Augen aufschlug, und sich mühsam aufrichtete, stand eine weibliche Gestalt vor ihm. Jackson erblaßte, er wollte aufstehen und fliehen, aber sein matter Körper hatte nicht Kräfte dazu. Ihr Blick war anmuthig und liebreich, und ihre Miene zeigte Verwunderung. Jackson suchte durch traurige Gebärden ihre Theilnahme zu erregen. Die Indianerinn verstand ihn. Sie gab ihm durch Zeichen zu verstehen, daß er ihr folgen sollte. Er wollte aufstehen, sank aber vor Mattigkeit wieder nieder. Da eilte sie fort, und kam bald mit Früchten in einem Korbe und mit Wasser in einem Gefäße zurück, die sie vor ihn hinstellte, und ihm andeutete, daß er davon essen und trinken sollte. Jackson faßte Muth, er genoß davon, und fand sich gestärkt. Sie deutete ihm wieder an, daß er ihr folgen sollte. Er versuchte es, ging eine Strecke mit ihr fort, ruhte wieder aus, ging wieder eine Weile, und kam endlich mit seiner Begleiterinn zu einem indianischen Dorfe, welches aus offenen Hütten bestand, die mit Palmzweigen gedeckt waren. Da liefen die Indianer in der Menge herbey, gafften den Fremdling an, liefen zurück, und führten noch mehrere mit sich her. Jackson zitterte an allen Gliedern, und befürchtete nun mit jedem Augenblicke, daß man ihn tödten würde. Endlich erschien ein wohlgestalteter, ansehnlicher Indianer, der sich durch verschiedene Zierrathen vor den übrigen auszeichnete. Es war der Inka, Vorsteher

des Dorfes. Ehrerbiethig traten alle auf die Seite. Ihn
redete die Indianerinn, die seine Gemahlinn war, an, er=
zählte ihm, wie sie Jackson gefunden habe, und wie er
mit ihr hierher gekommen sey. Sie bath um Schutz für
ihn, und der Inka willigte in ihr Begehren. Er führte
ihn in seine Hütte, und setzte ihm Früchte vor. Jack=
son wurde beherzt, er aß, und gab dem Inka durch Zei=
chen seine Dankbarkeit zu verstehen. Der Inka gewann in
der Folge den Jackson lieb, und erwies ihm viele Freund=
schaft, und dieser gab sich alle Mühe, dem guten Inka und
seiner Gemahlinn durch verschiedene Dienste recht gefällig
zu seyn.

So lebte nun Jackson einige Jahre unter den India=
nern auf dieser Insel. Er ging mit ihnen auf die Jagd
und auf den Fischfang aus, that sich manches Mal durch
Geschicklichkeit unter denselben hervor, und lernte ihre
Sprache bald so gut, daß er mit ihnen sprechen konnte.
Da erzählte er ihnen oft von den großen Städten in sei=
nem Vaterlande, von den prächtigen Häusern, in denen
seine Landesleute wohnen, von den schönen Kleidern, die
sie tragen, von den ausgesuchtesten Speisen und Geträn=
ken, die sie dort genießen; er erzählte, daß man dort von
großen Thieren in Kutschen gezogen werde, in großen Häu=
sern über das Meer schiffe, und andere derley Dinge, welche
die Indianer mit größter Aufmerksamkeit anhörten, aber
kaum halb begriffen. Aber wie oft seufzte er dabey, und
dachte: Wenn ich nur mein liebes Vaterland, meine Aeltern,
Geschwister und Verwandte noch einmal sehen könnte!
O, könnte ich nur einmal, sagte er oft bey sich selbst,
meine lieben Aeltern, denen ich so viel Herzenleid machte,
und meine lieben Brüder und Schwestern, denen ich so
manchen bösen Streich spielte, an mein Herz drücken, und

um Vergebung meiner Beleidigungen bitten! Er ließ die=
sen Wunsch oft laut hören, und Thränen stürzten ihm
dabey aus den Augen. Sollte man nach diesen Aeuße=
rungen nicht glauben, daß Jackson schon gebessert sey.
Vielleicht, sagte da der gutmüthige Inka, kommt einmal
ein so großes Haus mit deinen Landsleuten an unsere In=
sel, das dich zurückführen kann. Aber dieser gute Wunsch
blieb noch lange unerfüllt.

Der Inka hatte zwei Kinder, einen Knaben von zwölf,
und ein Mädchen von zehn Jahren; beide waren munter
und gutmüthig. Jackson war viel mit ihnen; er liebko=
sete sie, erzählte ihnen viel von seinem Vaterlande, und
wußte die Kinder so an sich zu ziehen, daß sie außer ihren
Aeltern bey niemanden lieber als bey ihm waren. Sie
brachten ihm die besten Cocus=Nüsse, die schönsten Mu=
scheln, Perlen, Steine, und die prächtigsten Federn, die
sie fanden, und manches Gold und Silberkörnchen, das sie
zum Geschenke erhielten. Jackson lehrte sie dafür manche
tändelnde Spiele seines Vaterlandes; er lehrte sie Körbe
flechten und Netze stricken, welches den kleinen keine ge=
ringe Unterhaltung machte. Sie gingen mit ihm, Früchte
zu sammeln, sie begleiteten ihn auf die Jagd und auf den
Fischfang, und machten mit ihm manche kleine Reise durch
die Insel, wo Jackson mit Vergnügen entdeckte, daß sie
reich an Gold sey, welches sehr leicht aus dem Goldsande
der Flüsse, die aus den Bergen hervorquellten, zu er=
kennen war.

Eines Morgens war Jackson wieder mit beyden Kin=
dern an das Meer gegangen, um Fische zu fangen. Er
entdeckte in der Ferne auf dem Meere einen Punct, der
sich zu vergrößern schien. O, wie hüpfte ihm das Herz vor
Freude, da er dachte, daß es wohl ein europäisches Schiff

seyn könnte. Er verwendete kein Auge davon. Bald sah
er, daß er sich nicht geirret hatte. Ein sanfter Wind trieb
ein großes Schiff immer näher an die Küste. Als Jackson
glaubte, daß er vom Schiffe aus bemerkt werden konnte,
machte er allerley Zeichen, um anzuzeigen, daß ein Unglücklicher hier auf Hülfe warte. Bald sah er ein Both
aussetzen, welches gegen die Küste zuruderte.

Jackson hüpfte vor Freude, als er die Matrosen ans
Land steigen sah, und hörte, daß das Schiff ein Englisches sey. Brüderlich umarmte er seine Landesleute, und
bath sie, ihn ins Schiff zu nehmen. Von den Bothsleuten erfuhr er, daß das Schiff mit Negern beladen sey,
die auf der Küste von Guinea aufgekauft worden waren,
und daß es nach Barbados, einer von den Antillen,
segle, wo häufig Zuckerrohr gepflanzt wird, wozu diese
unglücklichen Afrikaner sollten verwendet werden. Sie er-
zählten, daß sie zwei Tage und Nächte Sturm gehabt,
und hierher verschlagen worden sind. Sie wollten einige
Tage hier bleiben, um die Masten auszubessern und Wasser einzunehmen.

Die zwey Kinder des Juka staunten mit neugierigen
Augen diese Leute an, und wußten nicht, was sie von
Jacksons seltenen Gebärden denken sollten; noch mehr
aber verwunderten sie sich über das Both, und über das
große Schiff, welches in der Entfernung vor Anker lag.
Jackson bath die Matrosen um einige Kleinigkeiten zu
Geschenken für die Kinder, und erhielt Glasperlen, ein
Paar Messer, und einige Stückchen rothes Tuch, welches
den Kindern eine sehr große Freude machte.

Jackson unterhielt sich lange Zeit mit seinen Landesleuten, und erfuhr auch von ihnen, welchen großen Gewinn sie von dem Verkaufe der Neger zu ziehen hofften,

und wie viel reicher sie in ihr Vaterland zurückkehren wür=
den. Da erwachte in dem Herzen des unglücklichen, noch
nicht gebesserten Jünglings die schändliche Habsucht, zu
der er von jeher großen Hang gehabt hatte, und er faßte
einen Entschluß, der eben so grausam als schändlich war.
So unvertilgbar ist oft ein böser Hang, den man in der
ersten Jugend zu sehr genährt hat. Der niederträchtige
Jackson, der doch durch die ausgestandenen Leiden und
die Wohlthaten, die er von den ungebildeten Inselbewoh=
nern empfangen hatte, hätte gebessert und dankbar gegen
seine Gastfreunde seyn sollen, beschloß, die zwey Kinder
des Inka, die ihm sehr zugethan waren, kurz vor der Ab=
fahrt ins Schiff zu locken, und als Sclaven in Barbados
zu verkaufen.

Er zeigte nun den Bothsleuten den Ort an, wo sie
Bauholz und Wasser finden konnten, und fuhr mit ihnen
ins Schiff zurück, um dem Capitän desselben genaue Nach=
richt von der Insel zu geben, und von ihm die Erlaubniß
zu erwirken, daß er nach Barbados mitgenommen würde.
Der Capitän war über diese Nachricht erfreut. Jackson
sagte ihm zugleich mit gewohnter Schlauheit, daß ihn der
Inka der Insel sehr liebte, und daß dieser, da er ihm
von seinem Vaterlande erzählt hatte, oft gewünscht hätte,
daß seine Kinder dieses Land sähen. Er bäthe ihn also,
auch diese zwey ins Schiff aufzunehmen, wenn der Inka
noch so entschlossen wäre. Der Capitän glaubte diese be=
trüglichen Worte und willigte ein.

Indessen ging Jackson wieder aus Land zurück, und
gab den Insulanern Nachricht, daß ein Schiff mit seinen
Landesleuten angekommen sey, und zeigte die Geschenke,
welche die beyden Kinder erhalten hatten.

Diese kamen schaarenweise herbey, brachten Früchte und erhielten dafür von den Engländern allerley Kleinigkeiten, woran sie großes Vergnügen hatten. Jackson erklärte nun dem Inka, daß er ihn nach einigen Tagen verlassen würde. Der Inka war traurig, noch mehr aber seine Kinder; doch wollte ihn niemand von seinem Entschluße abbringen. Der schlaue Jackson stellte sich äußerst betrübt, wenn er von dem Abschiede sprach, heimlich aber machte er alle Anstalten sein böses Vorhaben auszuführen. Er setzte seine Abreise absichtlich um einige Tage später an, nahm einige Male die Kinder ins Schiff mit, ließ ihnen verschiedene Kleinigkeiten, die ihnen Vergnügen machten, schenken, um sie mehr anzureitzen, öfters und unbesorgt an Bord zu kommen. Heimlich aber suchte er, was er an Muscheln, Perlen, Goldkörnern und dergleichen hatte, zusammen, und brachte es an Bord.

Der Tag der Abreise war da. Ohne den guten Aeltern ein Wort zu sagen, lockte Jackson die beyden Kinder unter dem Vorwande, daß sie schöne Geschenke bekommen würden, an Bord, und wußte sie mit verschiedenen Gegenständen, die sie noch nie gesehen hatten, so lange zu beschäftigen, bis die Anker gelichtet waren, und ein frischer Wind das Schiff weit von der Küste getrieben hatte. Beyde erschracken, als sie gewahr wurden, daß das Schiff sich immer weiter von der Insel entfernte. Der schlaue Jackson aber versicherte sie, daß sie nur um die Insel segelten, und bald wieder an der Küste seyn würden.

Anfangs waren beyde beruhigt. Als aber die Nacht anbrach, und sie noch nicht an der Insel waren, fingen beyde zu weinen an. Niemand als Jackson konnte sie in ihrer Sprache verstehen. Fast die ganze Nacht jammerten sie, und kein Schlaf kam in ihre Augen. Widrige

Winde hielten das Schiff mehrere Tage nacheinander auf, und verspäteten die Ankunft auf Barbados. Die Traurigkeit der Kinder nahm mit jedem Tage zu; von gekochten Speisen wollten sie nicht essen, und die Früchte waren bald aufgezehrt. Jackson gab sich alle Mühe, sie zu beruhigen, aber umsonst. Das Mädchen befand sich schon am dritten Tage übel, sie nahm weder Speise noch Trank zu sich, und am sechsten Tage starb sie.

Nun war der Bruder gar nicht mehr zu trösten. An dem nämlichen Tage des Abends entstand ein heftiger Sturm, und das Schiff war alle Augenblicke in Gefahr, zu Grunde zu gehen. Todesangst war auf dem Gesichte eines jeden zu lesen. Schreckliche Gewissensbisse marterten Jackson. Die göttliche Strafe, dachte er bey sich, geht mir nun auf dem Fuße nach. Ich bin an dem Tode des guten Mädchens Schuld, sagte er, — strenge straft mich dafür die göttliche Gerechtigkeit. Er lief zu dem Knaben, fand ihn ganz außer sich vor Schrecken, umarmte ihn, bath ihn um Vergebung, und versprach ihm, daß er ihn gewiß zu seinen Landesleuten wieder zurückbringen würde. O wie freute sich da der gute Knabe mitten im Angstgeschrey der Matrosen. — Allmählig legte sich der Sturm, der heitere Himmel machte den Seefahrern gute Hoffnung zu einer glücklichen Reise, und das ganze Schiffsvolk erhob ein munteres Freudengeschrey. Jackson freute sich mit den übrigen, und — bald vergaß er auch der guten Vorsätze, als er keine Gefahr weiter befürchtete. Wie oft fragte ihn der gute Knabe: Wann werden wir bey unserer Insel anlanden, wann werde ich meinen guten Vater, meine liebe Mutter wieder sehen? und die schlaue Antwort Jacksons, daß sie in wenigen Tagen dort seyn würden, konnte ihn nicht mehr beruhigen. Er weinte Tag und Nacht, war nicht mehr zu tröſten, erkrankte, und ſtarb zehn Tage nach ſeiner Schweſter.

Indeſſen waren der Inka und ſeine Frau über den Verluſt ihrer Kinder äußerſt betrübt. Man ſuchte ſie auf der Inſel zwei ganze Tage, und da man gar keine Spur von ihnen entdecken konnte, vermuthete man mit Recht, daß ſie von dem europäiſchen Schiffe mit fort geführet worden ſeyen. Da war eine allgemeine Trauer und ein Jammergeſchrey wie aus einem Munde auf der ganzen Inſel. Jedermann beklagte den Verluſt zweier Kinder, die ihren Aeltern an Herzensgüte ſo ähnlich waren. Jeder verwünſchte, daß Jackſon je die Inſel betreten habe. Sie konnten nicht begreifen, wie ein Menſch, der in der größten Noth freundſchaftliche Hülfe und Aufnahme gefunden hatte, ſo undankbar an ſeinen Wohlthätern habe handeln können, und ſie ſchwuren bey der Sonne und den Geſtirnen, jeden Weißen, der je die Inſel betreten würde, zu vertilgen.

Das Schiff langte glücklich in Barbados an. Da Jackſon ſeinen unzähligen Gewinn, den er von den zwei unglücklichen Kindern zu ziehen hoffte, durch den Tod derſelben verloren hatte, und auf Barbados weiter nichts zu ſuchen hatte, ſo reiſete er mit dem erſten Schiffe nach England zurück. Wie ſehr waren ſeine Aeltern über die Ankunft ihres Sohnes erfreuet, den ſie ſchon ſo lange für verloren hielten. Aber hätte ihn nur auch die lange Abweſenheit gebeſſert, ihn gefühlvoller und menſchenfreundlicher gemacht! Sein Herz war durch die letzte grauſame That nur noch mehr verwildert, und wenn ihm ſein Gewiſſen noch manches Mal Vorwürfe darüber machte, ſo ſuchte er ſie durch den Gedanken zu unterdrücken, daß die entführten Kinder nur Wilde waren; da ſie doch nach un=

ferer Ueberzeugung eine eben so liebvolle und menschen=
freundliche Behandlung verdienen, als jeder andere Mensch,
der Gottes Erde bewohnt, wessen Landes und wessen Re=
ligion er auch immer seyn möge.

Unterdessen wußte Jackson so viel von der Insel,
auf der er gelebt hatte, zu erzählen, und die Schätze an
Gold und Edelsteinen, die sich auf derselben befinden sol=
len, so sehr hervor zu streichen, daß eine Gesellschaft be=
schloß, ein Schiff dorthin zu senden, um diese Schätze ge=
gen andere Waaren einzutauschen. Jackson both sich an,
mit dem Schiffe dorthin zu reisen, und man versprach sich
von ihm, weil er die Landessprache konnte, großen Vortheil.
Das Schiff segelte ab, und landete ohne besondere Zufälle
nach einer glücklichen Reise bei der Insel. Kaum erblick=
ten die Insulaner das Schiff, so gaben sie dem Inka
Nachricht davon. Dieser versammelte in der Eile alle streit=
baren Männer, um die Europäer, wenn sie das Land be=
treten sollten, mit Gewalt zu verjagen. Jackson war
indessen mit einer Anzahl Leute aus dem Schiffe ans Land
gestiegen. Er traf bald einen kleinen Trupp bewaffneter
Wilden an. Er rief sie an, bath sie um Früchte, und
versprach ihnen allerley Kleinigkeiten zum Geschenke. Diese
aber, ohne eine Antwort zu geben, schoßen ihre Pfeile ab,
und liefen eiligst davon. Jackson ließ sich dadurch nicht
irre machen; er drang mit seinen Leuten weiter vor, und
zeigte ihnen die Goldminen, die er während seines Auf=
enthaltes auf dieser Insel entdeckt hatte. Auf einmal sahen
sie sich von einem Haufen wilder Insulaner umgeben, die
ein gräßliches Kriegsgeschrey erhoben, und wie wüthend
über die Engländer herstürzten. Diese griffen zu den Waf=
fen, aber ihre Zahl war zu gering. Sie werden zerstreut,

2

mehrere blieben todt auf dem Platze, die übrigen entflohen gegen die Küste, ohne daß ihnen die Wilden heftig nach= setzten. Nur auf Jackson, den sie bald erkannten, war ihr Augenmerk gerichtet. Er fiel lebendig in die Hände der erzürnten Insulaner. Nun schien es, als wenn jeder einzelne Indianer die an den Kindern des Inka verübte Frevelthat an Jackson rächen wollte, und des Inka Zuruf konnte die wüthenden Wilden nicht abhalten. Jackson wurde auf die unmenschlichste Weise gemißhandelt, bis er unter den gräßlichsten Martern seinen Geist aufgab. Auf diese Art bestrafte die göttliche Gerechtigkeit ein Verbrechen, vor dem jedes gefühlvolle Herz zurückschaudert.

Brasilien.

Die große Landschaft, jetzt ein Kaiserreich im südlichen Amerika, ist in der neuesten Zeitgeschichte sehr merkwür= dig geworden. Um Napoleons Nachstellungen, der alle Thronen in Europa umzustürzen drohete, zu entgehen, ver= legte der Kronprinz=Regent von Portugal seine Residenz von Lissabon nach Rio Janeiro in Brasilien. Er schiffte sich im November 1807 mit seiner ganzen Familie ein, und kam nebst 11,000 ausgewanderten Portugiesen, worunter sich Handwerker und Künstler aller Art befan= den, dann mit 15,000 Mann Truppen und seiner ganzen Flotte glücklich im Februar 1808 unter englischer Be= deckung in Brasilien an. Dadurch bekam diese Provinz, die man ein wahres Paradies nennen kann, ein neues Leben; die Bevölkerung nahm ansehnlich zu, Künste und

Gewerbe wurden einheimisch, und Fabrikate, die man nur
aus Europa erhalten konnte, werden jetzt in Menge er-
zeuget, so daß durch die Residenz des Kronprinz-Regen-
ten gleichsam eine neue Welt dort entstanden ist, da es
vorher an Bildung, an Aufmunterung zu Künsten und
Gewerben immer gefehlt hatte.

Brasilien, oder das portugiesische Südamerika hat
von Brazas (Feuergluth) seinen Namen. Es wächst
nämlich hier ein Baum, welcher ein Holz hat, welches
eine glühend rothe Farbe gibt. Peter Alvares Ca-
bral entdeckte dieses Land zuerst im Jahre 1500, und
nannte es Santa Cruz (heiliges Kreuz); König Ema-
nuel von Portugal aber vertauschte diesen frommen Namen mit jenem von Brasilien. Vor der Entdeckung
durch die Europäer war das Land von Indianern bewohnt, die Tupinambuer und Tamoyoer hießen.
Diese Ureinwohner sind noch jetzt roh und unwissend. Es
wohnen aber in Brasilien auch viele europäische Portugiesen, dann Creolen, d. i., solche, die von portu-
giesischen Aeltern in Brasilien geboren sind, dann
Mestizen, d. i., die von gemischter portugiesischer
und brasilischer Herkunft sind, wo z. B. der Vater
ein Portugiese, und die Mutter eine Brasilianerin,
oder der Vater ein Brasilianer und die Mutter eine
Europäerin ist. Auch Negersclaven gibt es sehr viele
in diesem Lande.

Dieses schöne und fruchtbare Kaiserreich dehnt sich
auf 140,625 Geviertmeilen aus; aber nur bei 1800 Geviertmeilen sind angebaut. Der Boden ist großen Theils
sehr fruchtbar, im Inneren mit undurchdringlichen Wal-
dungen bewachsen und von Seen durchschnitten, und wäre

2 *

dieſes Land immer von betriebſamen und fleißigen Men=
ſchen bewohnt geweſen, ſo müßte es eines der geſegnet=
ſten in der Welt ſeyn. Seitdem die königliche Regierung
von Liſſabon ihren Sitz nach Rio Janeiro verlegt hat,
ſind der Ackerbau, die Gewerbe und der Handel in Auf=
nahme gekommen.

Im Innern des Landes iſt bisher noch Vieles ganz
unbekannt; die Ureinwohner ſind noch ganz uncultivirt;
es leben hier noch viele Braſilier, ohne die geringſte Kennt=
niß von der chriſtlichen Religion, während in den Pro=
vinzen die katholiſche die herrſchende iſt. Beiläufig vier
Millionen Menſchen bewohnen dieſes Land. Es bringt
hauptſächlich Reiß, Pomeranzen, Zitronen, Kakao, Baum=
wolle, Safran, Taback, Ambra, Balſam, Ingwer, Va=
nille, Indigo, Kaffee, Zucker, Braſilienholz oder Fer=
nambuck, Schiffsbauholz, Mais und Korn hervor. Die
Bergwerke liefern: Gold, Silber, Eiſen, Kupfer, Zinn,
Blei, Spießglas, Schwefel, Quarz, Alaun und Edel=
ſteine, hauptſächlich Topaſen. Gold wird von den Ne=
gerſclaven auf dem Grunde der Flüſſe und in Gräben,
wo ſich Regenwaſſer geſammelt hat, geſucht. Wie Rei=
ſende verſichern, ſoll man Diamanten, Topaſen und Ama=
thyſte auf der Oberfläche der Erde finden, die jedoch nicht
von bedeutender Größe und auch von geringerem Werthe
als die oſtindiſchen Diamanten ſind. Der braſiliani=
ſche Handel iſt ſehr wichtig, und Portugal zog von die=
ſem Lande jährlich 4½ Millionen Thaler reine Einkünfte.
Um 12 Millionen Thaler wurde jährlich an Gold allein
nach Europa verführt, wofür meiſtens Fabrikate einge=
tauſcht wurden. Da aber dieſe jetzt in Braſilien ſelbſt
erzeugt werden, ſo bleiben die Schätze an Gold auch mei=
ſtens dort, und ihr Abgang iſt in ganz Europa fühlbar.

Im Jahre 1806 hollte Portugal noch für 25 Millionen Thaler Erzeugniſſe aus Braſilien; ſeither kaum um die Hälfte dieſer Summe. Das nördliche Klima iſt ſehr heiß, die Winde ſind hier ſehr veränderlich, es regnet oft und ſtark; dagegen ſind die mittägigen Gegenden gemäßigter und geſünder.

Rio Janeiro oder San Sebaſtian iſt die Haupt= ſtadt, und war früher immer der Siß des Statthalters oder Vicekönigs. Sie iſt auf einer Halbinſel in der Bai gleiches Namens herrlich gelegen, beſteht aus der eigent= lichen Stadt und der ſeit 1807 erſt angelegten Neuſtadt. Der Kaiſer wie auch die oberſten Landesbehörden und ein Biſchof haben hier ihren Siß. Die Stadt iſt zwar nicht ſchön angelegt, hat aber in neuerer Zeit Verſchönerun= gen erhalten, und viele neue Paläſte ſind angelegt wor= den. Unter den Gebäuden zeichnen ſich das kaiſerliche Schloß, das Münzhaus, das Zeughaus, der biſchöfliche Palaſt und viele große und ſchöne Kirchen aus. In den entlegeneren Stadttheilen wohnt die ärmere Klaſſe, deren Häuſer zwar geräumig, aber im Innern ſo ſchmußig, als die Außenſeite ſind, ſo, daß man ſagen könnte, die Schmußliebe ſey in Braſilien in ihrer Heimath. Statt der Glasfenſter haben ſie hölzerne ſchmußige Gitterladen; der Hausrath beſteht aus einem Tiſche, einem Kaſten und einigen Stühlen. Die ärmere Volksklaſſe, die Soldaten, Mulatten und Neger wohnen auch oft in offenen Hütten, und dieſe ſtehen im bunten Gemiſche neben großen Häu= ſern. Einen Gaſthof kannte man vor dreißig Jahren hier noch nicht. Ein Fremder, der hier eine Zeitlang woh= nen wollte, mußte ein Haus oder einige Zimmer in dem= ſelben miethen und möbliren. Man hatte zwar Speiſe= häuſer, die an einer ausgehängten dreifarbigen Flagge kennbar waren, auch Kaffeehäuser, aber diese waren nur elende schmutzige Winkel, und was aufgesetzt wurde, war unrein und erregte Ekel. Dieses alles hat sich seit der Anwesenheit des kaiserlichen Hofes sehr zum Vortheile der Stadt geändert; wie auch jetzt mehr Thätigkeit, Gewerbs= fleiß und Ordnung in Rio Janeiro herrscht.

Manche gute Einrichtungen sind seit der Anwesenheit des kaiserlichen Hofes in der Stadt gemacht worden, wie auch durch die aus Europa Eingewanderten der Ackerbau und der Gewerbsfleiß in Aufnahme gekommen, und mehr Bildung unter den Eingebornen verbreitet worden ist. Es ist in Rio Janeiro ein großes Hospital, mehrere kleinere, ein Waisenhaus, eine Schule für Aerzte und Wundärzte, eine Militär = Akademie, mehrere Volksschu= len, eine kaiserliche Bibliothek, eine Naturalien = Samm= lung u. dgl. angelegt worden.

Es haben sich aber bei den Eingebornen noch alte Sitten und Gewohnheiten erhalten. Messer und Gabel brauchen diese bei Tische nicht. Der Brasilier nimmt ein kleines Stück Fleisch zwischen die Finger, theilt es von einander, rollt es mit Gemüse und Brod zusammen, in der Brühe, in dem Oele, in der Fleisch = Sauce herum, nimmt es in die flache Hand, drückt und ballt es wie eine Kugel zusammen, und steckt es in den Mund, und man glaubt am Ende genug gethan zu haben, wenn man vor und nach Tische die Hände wäscht.

Die Männer kleiden sich wie die Portugiesen und Eng= länder in Europa; bei feierlichen Gelegenheiten aber putzen sie sich mit Spitzenhemden, mit reichgestickten und beflit= terten Westen, mit großen Schuh = und Beinkleiderschnal= len von gediegenem Golde, und mit mancherlei Schmuck aus. Der Degen wird nur noch mehr bei Amtsverrichtun=

gen oder während des Gottesdienstes getragen; eben so die
aufgeschlagenen Hüte. Sobald der Mann aber wieder nach
Hause kommt, wirft er das Gallakleid ab, zieht einen Schlafrock oder eine dünne Jacke an, oder er begnügt sich auch,
in kattunenen Nachthosen und im Hemde ohne Mütze und
Strümpfe herum zu gehen; bei kalter regnerischer Witterung
wirft er bloß einen leichten Mantel oder Schlafrock darüber.

Das gewöhnliche Gewand der Frauenzimmer ist ein
einfaches Röckchen von Mousselin oder dünnem Zeuge, das
aber oft künstlich gearbeitet und verziert ist. Strümpfe
tragen sie sehr selten; in der kühlen Regenzeit ziehen sie
eine Art von Pantoffeln an, hüllen sich in eine blaue und
weiße, dicke, wollene Decke, oder ziehen einen weiten wollenen Ueberrock, mit Plüsch verbrämt, an, der dem deutschen Kapotrock ähnlich ist. Gehen sie in die Kirche, so
werfen sie einen schwarzseidenen langen Mantel um, der
bis über den Kopf reicht. Das Haar lassen sie der ganzen Länge nach wachsen, sie flechten es, binden es in einen
Knoten auf dem Kopfe zusammen, und zieren es mit Po-
made und Tapiokapulver, welches ein Puder ist, das aus
Mainokwurzeln bereitet wird. Nur die Frauen und Mädchen aus höheren Ständen kleiden sich europäisch.

Männer und Frauen lassen die Nägel an dem Dau-
men oder an dem Zeigefinger, auch an beiden zugleich
lang wachsen, und spitzen sie scharf zu. Man spielt die
Guitarre mit diesen Nägeln; die Männer gebrauchen sie,
die Fasern von den Tabacksblättern, die sie häufig rau-
chen, abzulösen. Ein langer Nagel ist aber auch das Zeichen eines hohen Ranges. Sie hindern sehr im Arbeiten, aber wer lange Nägel besitzt, arbeitet bei ihnen nicht,
und wer nicht arbeitet, ist nach ihrer Meinung reich, und
eben dadurch glücklich.

Zu Rio Janeiro fährt man gewöhnlich in Cariolen, in Bahia aber, der zweiten großen Stadt, wo der Boden sehr ungleich und deßwegen schlecht zu befahren ist, findet man in allen Straßen Tragesänften, welche sich dadurch von den Europäischen unterscheiden, daß sie höher, von oben bis unten offen und so gebaut sind, daß man beim Hineinsteigen gleich sitzt. In der Mitte des oberen Theiles der Sänfte ist ein Tragebaum befestiget, der vorn und hinten hervorspringt. Diesen legen zwei Neger auf die Achseln, und tragen so die Sänfte fort. Die obere Decke ist auch reichlich mit Schnitzwerk und Vergoldungen geziert; an den Seiten hängen seidene Vorhänge herab, die mit goldenem und silbernem Laubwerk verbrämt sind. Aus der Pracht und den Verzierungen der Sänfte schließt man auf den Rang und Reichthum desjenigen, der darin getragen wird, so gut, wie man den Europäer nach dem Glanz der Wagen beurtheilet. Die Neger, welche die Sänfte tragen, sind barfuß, mit hellblauen seidenen Jacken, kurzen Pantalon und rund herumlaufenden Schürzchen darüber, die hellroth eingefaßt sind, bekleidet, und der Abstand ihrer schwarzen Gesichter von der schäckigen Kleidung ist drollig. Ein Frauenzimmer vom Range darf in Brasilien durchaus nicht über die Straße gehen, sondern es muß sich in dicht verschlossenen Sänften tragen lassen, oder in sorgfältig bedeckten Cariolen fahren.

Eine der vorzüglichsten Belustigungen der Brasilianer ist der Negertanz, eine Art afrikanischen Tanzes. Wenn man sich bei Gastmählern satt gegessen und getrunken hat, so läßt man eine Guitarre oder eine Viole herbeibringen, singt und beginnt zu tanzen. Der Negertanz wird von einem Paar allein nach dem einfach leiernden Tone der Guitarre getanzt; wenig werden dabei die Füße bewegt, mehr der Körper in allerlei lächerlichen unnatürlichen Grimmassen. Die Zuschauer singen dazu, was ihnen einfällt, jeder nach seiner Art, und klatschen hoch erfreuet in die Hände.

Brasilien trennte sich am 1. August 1822 förmlich von Portugal, und Don Pedro wurde zum Kaiser ausgerufen. Er bestimmte in der Folge seine Tochter Donna Maria für den Thron Portugals. Am 7. April 1831 entsagte er in Folge eines Aufruhrs der Krone Brasiliens zu Gunsten seines erstgebornen Sohnes Don Pedro von Alcantara, und verließ Brasilien. Er nahm den Titel: Herzog von Braganza an, und ist jetzt im Kampfe mit seinem Bruder Don Miguel begriffen, um seiner Tochter Donna Maria den Thron Portugals zu sichern.

Das Schießpulver.

Seit langer Zeit hat man geglaubt, daß ein Mönch, Berthold Schwarz im Jahre 1354 von ungefähr das Schießpulver erfunden hat. Er soll Salpeter, Schwefel und Kohlen in einem Mörser gestampft haben. Diese Masse soll sich zufälliger Weise entzündet, und einen Stein, womit der Mörser bedeckt war, in die Höhe geworfen haben.

Doch muß die Erfindung des Schießpulvers viel älter seyn. Denn schon lange vor Berthold Schwarz, im zwölften Jahrhunderte wurde es auf dem Harze, in den Bergwerken bei Goslar gebraucht, um das Gestein zu sprengen. Der Rektor Ostertag hat schon vor 50 Jahren gründlich dargethan, und aus einem Briefe des im Jahre 1294 verstorbenen berühmten Physiker Bacon bewiesen, daß diesem schon die Bereitung des Pulvers be-

kannt war, daß er es aus Salpeter, Kohlenstaub und Schwefel zusammen gesetzt und die Wirkungen desselben, dem
Donner und Blitz ähnlich, gezeigt habe.   Dadurch wird
widerlegt, daß Berthold Schwarz der Erfinder sey,
der fast hundert Jahre nach ihm gelebt hat.   Im Jahre
Eintausend zweihundert brauchte es schon der Sohn Hein-
rich des Löwen, um die Mauern eines Schlosses bei
Tyrus zu sprengen.   Vom dreizehnten Jahrhunderte an
wurde es im Kriege gebraucht, doch Anfangs nur zum
Sprengen der Mauern, z. B. im Jahre 1341 bei der Be-
lagerung von Algeziras.   Der Gebrauch Kugel und
Steine damit in die Ferne zu schießen, scheint in der Mitte
des vierzehnten Jahrhunderts aufgekommen zu seyn.   Im
Jahre 1346 fiel bei Crecy eine Schlacht zwischen den
Franzosen und Engländern vor, wobei die letzteren eine
Art Kanonen brauchten, die damals Donnerbüchsen genannt wurden.   Zu Ende des fünfzehnten Jahrhunderts
brauchte man es zu Minen.   Dieß sind unterirdische Gänge,
die sich in Kammern endigen, welche mit Pulver gefüllet
werden, um alles, was darüber steht, in die Luft zu sprengen.   Durch solche Minen haben die Franzosen im Jahre
1810 nach schon geschlossenem Frieden die Befestigungs-
werke Wiens zerstört.   Auch wurden schon im fünfzehnten Jahrhunderte Musketen, Büchsen und Pistolen
gebraucht; doch waren sie nicht so vollkommen, wie die
unsrigen.   In China soll das Schießpulver noch früher
als bei den europäischen Nationen bekannt gewesen seyn.

Die Araber kannten das Schießpulver viel früher als
Schwarz, und haben es wahrscheinlich von den Chine-
sern bereiten gelernt.   Die Fundgruben des Orients, die
von dem berühmten Orientalisten Hofrath von Hammer
in Wien herausgegeben werden, beweisen aus einer Hand-

schrift, aus dem dreizehnten Jahrhunderte, daß man da=
mals schon das Pulver im Kriege gebrauchte.

Wenn man die elenden krüppelhaften Invaliden an=
sieht, und bedenkt, wie viele Menschen durch das Schieß=
gewehr den Tod im Kriege gefunden haben, so könnte
man die Erfindung des Schießpulvers verwünschen. Doch
sey es meinen jungen Lesern zum Troste gesagt, daß die
Kriege vor Erfindung des Schießpulvers noch viel mör=
derischer gewesen sind. Das Schießpulver nützt uns sehr,
um wilde Raubthiere, die den Menschen und Thieren nach=
stellen, zu erlegen. Die Jagd des Wildpräres, das uns
gesunde Nahrung gibt, ist dadurch erleichtert worden; und
das Schießpulver wird häufig gebraucht, um große Stein=
massen in den Steinbrüchen und in den Flußbeeten und
große Holzklötze zu zersprengen, wozu ohne dasselbe eine
lange mühsame und gefährliche Arbeit erfordert würde.

Meinen jungen Lesern wird nicht unlieb seyn, zu er=
fahren, wie das Schießpulver bereitet wird, und wie es
diese erstaunlichen Wirkungen hervorbringt. Das Schieß=
pulver ist eine Vermischung von Salpeter, Kohlen und
Schwefel. Man nimmt zu Kanonenpulver auf ein Pfund
Salpeter etwa neun Loth Kohlen und sieben Loth Schwe=
fel; zu Musketenpulver auf ein Pfund Salpeter acht Loth
Kohlen und sechs Loth Schwefel; zu Büchsenpulver sechs
Loth Kohlen und vier Loth Schwefel. Indessen beobach=
tet man jetzt diesen Unterschied nicht mehr so genau, wie
ehemals, sondern man nimmt einerlei Pulver zu Kano=
nen und zum kleinen Gewehre, wobei man dann das leichte
Verhältniß annimmt, auf sechs Theile Salpeter ein Theil
Kohlen und ein Theil Schwefel.

Diese Bestandtheile werden auf den Pulvermühlen zu
einem feinen Pulver oder Pulvermehl gestampft, wobei

sie etwas angefeuchtet werden. Die Gestalt von kleinen glatten Körnern entsteht daher, daß dieses feuchte Pulvermehl durch Siebe gedrückt, und in einer Tonne durch langes Umdrehen derselben geglättet wird. Diese kleinen Körnchen sind es nun, welche Tod und Verwüstung bis auf eine Entfernung verbreiten, die kein Geschoß aus den vorigen Zeiten erreichte, und welche die fürchterlichsten Naturbegebenheiten: Blitz, Donner und Erdbeben im Kleinen nachahmen.

Die Güte des Pulvers hängt davon ab, daß die Bestandtheile: Salpeter, Kohlen und Schwefel wohl gereinigt, und innig mit einander vermischt werden, und daß man so viel Salpeter dazu nehme, als nur immer von den beiden übrigen Bestandtheilen verzehrt oder verpufft werden kann; denn in dem Salpeter liegt eigentlich die Ursache von der ungeheueren Gewalt des Schießpulvers verborgen. Der Schwefel befördert die schnelle Entzündung, und pflanzt sie auf den Salpeter fort; der Salpeter verursacht die Ausdehnung, und die Kohlen dienen dazu, den Schwefel und Salpeter zusammen zu halten.

Durch die Entzündung des Pulvers, wobei der Salpeter schnell verpufft, entwickelt sich eine äußerst elastische luftartige Materie oder ein Gas, welche zweihundert fünfzig, oder wie andere wollen, fünfhundertmal mehr Raum einnimmt, als das Schießpulver, aus welchem sie sich entwickelt. Die Hitze des Feuers dehnet noch überdieß die Luft wenigstens viermal mehr aus. So entwickeln sich aus einer Kubikzoll Pulver, mit dem man ein Geschoß ladet, zweihundert fünfzig, oder gar fünfhundert Kubikzoll elastische Luft oder Gas, und diese wird wieder durch die Hitze bei der Entzündung noch wenigstens viermal mehr ausgedehnt. Diese plötzlich entwickelte Luftart strebt nun, sich in einen tausendmal bis viertausendmal größeren Raum auszubreiten, als welchen das in den Lauf eines Gewehrs geladene Pulver einnimmt; daher dringt sie mit der äußersten Kraft und Schnelligkeit aus der vorderen Oeffnung des Flintenlaufes, und treibt die auf dem entzündeten Pulver gelegene Kugel vor sich fort.

Mit einer Kugel aus einem Rohr kann man in einer Entfernung von dreihundert Schritten einen Menschen leicht tödten und ein Thier erlegen. Die Kugel bewegt sich mit einer solchen Geschwindigkeit fort, daß der Mensch in dieser Entfernung, wenn er den Knall des Pulvers hört, die Kugel schon im Leibe hat.

Die Kanonenkugeln können durch das Pulver in eine unglaubliche Entfernung getrieben werden. Eine von den größten Arten der Kanonen treibt eine sechszehnpfündige Kugel über neunzehntausend Fuß, wenn die Ladung Pulver die Hälfte von dem Gewichte der Kugel beträgt, und diese mit einem Bogenschusse abgefeuert wird. Die Weite des Kernschusses, das heißt die Weite, wo die Kugel, wenn sie gerade, horizontal abgeschossen wird, nicht zu merklich von der geraden Linie abweicht, wird bei eben dieser Art von Kanonen und bei gleicher Ladung ungefähr auf eintausend neunhundert Fuß gesetzt.

Die Geschwindigkeit, mit welcher die Kugel aus der Kanone getrieben wird, kann etwa eintausend vierhundert bis eintausend siebenhundert Fuß in einer Secunde betragen.

Wenn eine Kanone aus einer Entfernung von sechshundert Fuß gegen einen Wall von Erde abgeschossen wird, so dringt die Kugel fünfzehn bis sechszehn Fuß in den Wall hinein; in eine Mauer von Ziegelsteinen nur etwas mehr als einen Fuß.

Die Spinnen als Wetter-Propheten.

Die häßlichen Spinnen, sagte Caroline, indem sie mit dem Borstwische einige Spinnenweben aus einem Winkel wegkehrte, allenthalben nisten sie sich ein, wenn man nicht oft abkehret.

Dir sind sie zuwider, unterbrach sie der Vater, und es gehört freilich zur Reinlichkeit einer Wohnung, keine Spinnengewebe zu leiden; aber du glaubst wohl nicht, daß es Leute geben könne, die sich ein Vergnügen daraus machen, recht viel Spinnen um sich zu haben.

Den möchte ich wohl kennen, antwortete Caroline, dem diese häßlichen Thiere Vergnügen machen könnten. Sie haben mich zum Besten. Dieß gewiß nicht, sagte der Vater; wenn du Lust hast zu hören, so will ich dir von diesen Thieren etwas erzählen, worüber du dich gewiß nicht wenig wundern wirst. Wilhelm, Carolinens Bruder, der vom Erzählen gehört hatte, hüpfte herbei, und schloß sich an den Vater an. Dieser fing also an:

Ihr werdet euch wohl noch erinnern, was ihr schon vorlängst gelesen habet, wie viel Vergnügen dem armen Robinson, der von aller menschlichen Gesellschaft ausgeschlossen, ganz allein auf einer Insel lebte, seine treue Spinne im Winkel seiner Höhle gemacht hat.

So lieb war auch in Frankreich einem vornehmen Gefangenen, wenn ich nicht irre, so war es ein Graf Laufune, seine Spinne. In einem harten Gefängnisse, zu

Pignerol, abgesondert von aller menschlichen Gesell=
schaft, hatte er kein Mittel, wodurch er sich hätte die Zeit
vertreiben können. Eine Spinne hatte sich bei ihm im
Kerker eingewebt, und war seine einzige Gesellschafterin.
Er hatte sie an sich gewöhnt; sie kam auf seine Hand,
wenn er ihr Futter vorhielt, und ließ sich von ihm füt=
tern. Der Gefangenwärter, ein gefühlloser Mensch, gönnte
dem armen Unglücklichen auch diesen einzigen Trost, die=
ses einzige Vergnügen nicht — er tödtete die schuldlose
Spinne. Der Gefangene gerieth in Verzweiflung, da er
sich nun ganz ohne ein lebendiges Wesen und ohne alle
Beschäftigung sah. Er stieß sich den Kopf gegen die
Wand ein, und — starb.

Der arme Mann! der abscheuliche Gefangenwärter! seufz=
ten Wilhelm und Caroline, bis zu Thränen gerührt.

Auch Pelisson, fuhr der Vater fort, hatte in der
nun zerstörten Bastille, (dem ehemaligen größten Staats=
gefängnisse in Paris), um nur Ein lebendiges Wesen
um sich zu haben, eine Spinne in seiner traurigen Ein=
samkeit so zutraulich gemacht, daß sie ihm zur Gesellschaf=
terin diente, und ihm seine Langeweile erträglicher machte.

Ein Studirender hat eine Spinne, die ihr Gewebe über
seinem Schreibpulte ausgespannt hatte, so zahm gemacht,
daß er sie nach seinem Belieben aus ihrem Schlupfwinkel
hervorlockte. Er hatte sie so gewöhnt, daß sie allemal
erschien, wenn er mit dem Finger auf das Pult klopfte,
wobei er ihr eine Fliege gab. Ein Violinspieler hatte
eine zahme Spinne, die ein besonderes Wohlgefallen an
der Musik zu haben schien. So oft er auf der Violin
spielte, kam sie in seine Nähe, und setzte sich zutraulich
auf seinen Arm, den sie nicht eher verließ, bis er zu spie=
len aufgehört hatte.

Die merkwürdigste Anekdote von Spinnen ist gewiß
jene von Disjouval, der uns zugleich diese kleinen Thiere
als verläßliche Wetterpropheten kennen gelehrt hat.

Als im Jahre 1787 die preußische Armee unter Anfüh=
rung des Herzogs von Braunschweig in Holland einrückte,
wurde Quatremere Disjouval, General=Adjutant in
holländischen Diensten, welcher an dem Aufstande gegen
den Erbstatthalter (so hieß vormals die höchste Obrigkeit
in Holland) Theil genommen hatte, gefangen genommen,
und mußte über sieben Jahre im Gefängnisse zu Utrecht
(ihr wißt wohl, wo Utrecht in Holland liegt) hinbringen,
woraus er im Jahre 1795 befreiet wurde, als die Fran=
zosen unter Anführung des Generals Pichegrü in Hol=
land im Revolutionskriege eindrangen. Auch ihm waren
die Spinnen, die er an sich gewöhnte, der einzige Zeit=
vertreib. Er hatte eine große Menge derselben von allen
Arten um sich versammelt, und die Beobachtungen, die er
über ihre Lebensart, über ihr Gewebe u. s. w. anstellte,
linderten ihm die Qual der Einsamkeit und der Langweile.
Er hat seine Bemerkungen darüber gesammelt, und in ei=
nem eigenen kleinen Buche unter dem Titel: Araneo=
logie bekannt gemacht. Diese Bemerkungen sind zum Theile
neu, und widerlegen unter andern die Beschuldigung, daß
die Spinnen einander selbst auffressen. Zwar geschieht dieß
zuweilen; aber nur wenn sie die Noth dazu treibt, näm=
lich, wenn sie kein anderes Futter mehr vorfinden. So
hatte Raumur, ein berühmter französischer Naturkündi=
ger, eine große Menge Spinnen zusammen gebracht, um
zu versuchen, ob sich nicht ihr Gewebe wie das der Sei=
denraupe benützen ließe; (und wirklich hat man auch Strüm=
pfe von Spinnenweben verfertigt). Allein für die große
Anzahl Spinnen waren nicht genug Fliegen und andere

Insekten aufzubringen, und sie fraßen sich in kurzer Zeit
selbst, wodurch denn die Hoffnung, aus ihrer Arbeit Nutzen
zu ziehen, bald vereitelt wurde. —

Die merkwürdigste Beobachtung unsers Gefangenen war
aber die: daß die Spinnen vorzüglich gute Wetterprophe=
ten sind, die das Wetter zuverlässiger als der Barometer
anzeigen, ihre Anzeigen längere Zeit zuvor geben, und
überhaupt für den gemeinen Mann noch den Vorzug ha=
ben, daß sie nichts kosten.

Von der Winkelspinne bemerkte er zum Beispiel Fol=
gendes: Bey schönem Wetter zeigt sie sich mit dem Kopfe,
und streckt die Füße weit aus ihrer Höhle hervor, und
zwar um so weiter, je länger es schön Wetter bleiben soll.
Bey übler Witterung zieht sie sich mehr zurück, und bey
recht stürmischer Witterung kehrt sie sich sogar um, und
zeigt dem Beobachter ihr Hintertheil, und unterrichtet ihn
dadurch sehr deutlich von der bevorstehenden Veränderung
des Wetters. Im Anfange des schönen Wetters hat das
Gewebe, womit sie ihren Winkel umspinnt, nur eine mäßige
Ausdehnung. Soll aber das gute Wetter fortdauern, so
vergrößert sie es um zwei bis drei Zoll. Thut sie dieß
mehreremale nach einander, so kann man daraus sicher
auf anhaltend schöne Witterung schließen.

Disjouval sagte den 22. Julius 1795 aus dem Ver=
halten seiner Spinnen ein Paar Wochen zum Voraus,
das Wasser würde so fallen, daß man mit der Hälfte von
Schiffbrücken über den Rhein würde setzen können, wel=
ches auch wirklich erfolgte.

Im Winter zeigen die Spinnen eben so sicher die bald
einfallende Kälte an. Sobald eine Kälte bevorsteht, die
so stark wird, daß es schneiet und frieret, so bemächtigen

3

sie sich entweder der schon fertigen Gewebe, wobei es oft
hitzige Gefechte unter ihnen setzt, oder sie machen sich neue,
und arbeiten fleißig daran. Disjouval fand aus meh=
reren aufmerksamen Beobachtungen, daß fast durchgängig
neun Tage der ersten Bewegung der Spinnen bis zum
wirklichen Eintritte der Kälte verflossen. Einen auffal=
lenden Beweis von Richtigkeit dieser Beobachtung erhielt
er im Jahre 1795 zu Anfange des Februars. Es war
schön Wetter, es war warm, kein Anschein von Kälte war
mehr da. Man hätte denken sollen, daß man von nun
an der Oefen gänzlich würde entbehren können. Aber
von Sonnabends den 4. Februar sagte Disjouval laut
vorher; daß eine der größten Veränderungen in der At=
mosphäre erfolgen müßte, weil er außer andern ähnlichen
Kennzeichen drei Spinnengewebe über einander bemerkte,
die Abends zuvor nicht da gewesen waren. Und sieh da!
vom 9. Februar an war Eis, und vom 15. an waren
alle Kanäle zugefroren. Nun hätte man denken sollen,
der Winter werde damit zu Ende seyn; Disjouval selbst
glaubte es, und freuete sich schon genug darüber, daß er
einer ganzen Stadt zu einer Zeit, wo sie es gar nicht
mehr erwartete, das Zufrieren der Kanäle hatte vorhersa=
gen können. Es thauete auch wirklich alles auf; aber
auf einmal bemerkte er wider alle Erwartung den 28.
Februar, eine allgemeine Gährung unter seinen Spinnen.
Sie liefen hin und her, fingen an emsig zu weben, und
griffen einander an. Der Beobachter schloß daraus, daß
noch etwas Merkwürdiges, und wenigstens sehr trockene,
wo nicht sehr kalte Witterung eintreten werde. Er ließ
diese Vermuthung dem ersten Buchhändler in der Stadt,
durch diesen andern Personen mittheilen. Zwei Tage
darauf regnete es, und dieses war nun seiner Prophezei=

hung gar nicht günstig. Fünf Tage darauf regnete es noch immer fort, und die Weissagung wollte nun gar nicht eintreffen. Disjouval beobachtete indessen immer genau, schrieb alle Tage an den nämlichen Buchhändler, daß er immer noch gewiß an trocknes oder kaltes Wetter glaube. Endlich den 8. März fing es an windig zu werden, den 9. schneite es, und den 10. fiel Frost ein, so daß auch die Kanäle wieder zufroren.

Der größte Beweis, wie wichtig und zuverlässig diese Beobachtungen und die darauf gegründeten Wetterprophezeihungen sind, waren die Eroberungen Hollands im Revolutionskriege durch die Franzosen in dem Winter vom Jahre 1794 bis 1795. Disjouval hatte einen Gefangenwärter, der bei dem Aufstande gegen den Erbstatthalter von seiner Partei war, und daher mit seinem Gefangenen weniger streng verfuhr. Durch diesen konnte Disjouval den Aufrührern, die man damals in Frankreich und Holland fälschlich Patrioten nannte, bekannt machen, daß ein harter Winter bevorstände, wo alle Flüsse und Kanäle zufrieren würden, so daß jede Armee leicht vorrücken könnte. Dadurch suchte er die Patrioten aufzumuntern, und die Franzosen zum weiteren Vorrücken anzulocken: denn er konnte seine Befreiung aus dem Gefängnisse nur dann hoffen, wenn die Franzosen, die mit den holländischen Patrioten gemeinschaftliche Sache machten, die Stadt eroberten. Man kann denken, wie sorgfältig er seine Spinnen beobachtete. Im Anfange des Dezembers erfuhr er zu seinem großen Schrecken, daß die Patrioten sich an die Partei des Erbstatthalters ergeben wollten, wodurch auf einmal seine Hoffnung wäre zernichtet worden. Er eilte, durch alle Mittel, die in seiner

Macht standen, bekannt zu machen, daß seine Spinnen arbeiteten, als ob unausbleiblich und spätestens in vierzehn Tage ein schrecklicher Frost eintreten sollte, wo die Franzosen den Patrioten über die zugefrornen Kanäle leicht zu Hülfe kommen könnten. Man glaubte der Prophezeihung, ergab sich nicht, und den 29. Dezember war alles so gefroren, daß die Franzosen über alle Kanäle und über die Waal (einen Fluß) setzen, und so ungehindert vorrücken konnten. Die Gegenpartei schmeichelte sich indessen noch damit, daß bald Thauwetter einfallen würde, weil den 12. Januar das Wasser gestiegen und etwas trübe sey, welches man für ein sicheres Vorzeichen des Aufthauens hielt. Sogleich schrieb Disjonval an den Verfasser der Utrechter Zeitung, daß ehe drei Tage vergingen, eine noch stärkere Kälte als zuvor einfallen würde. Spinnen prophezeiheten hier viel richtiger als das trübe Wasser. Mittwochs, den 14. Jänner erhob sich der Wind, Donnerstags den 15. fror es, und Freitags den 16. zogen die Franzosen in Utrecht ein, wodurch der Gefangene aus seinem Kerker befreiet wurde.

Er fuhr fort, die Spinnen, die er auf Böden und in Kellern auftreiben konnte, sorgfältig zu beobachten, um den französischen Generälen Nachrichten zu geben, die ihnen bei dieser kühnen Unternehmung so wichtig waren. Den 20. Januar fiel ein schreckliches Thauwetter ein. Die Generäle waren in der verzweifeltsten Verlegenheit, was aus ihrer hunderttausend Mann starken Armee nebst der Artillerie werden würde, wenn das Thauwetter anhielte, die Wege schlecht und die Kanäle offen würden. Man dachte an einen schleunigen Rückzug. Aber Disjonval befragte seine Spinnen, und diese kündigten Frost an. Auch schickte er ein Paar dieser Wetterpropheten an die französischen Generäle. Man glaubte ihnen; die Weissagung wurde erfüllt, und Holland war durch die Franzosen erobert.

Der Kapitän v. Oyenhausen in Cassel hat später eben so genaue Beobachtungen über die Spinnen angestellt. Er bestätiget alles, was Disjouval über dieselben als Wetterpropheten sagt. Nur warnt er, die Spinnen nicht zu füttern, und sie nicht merken zu lassen, daß man sie beobachte, noch weniger sie zu stören. Je weiter alsdann die Spinne vorn im Netze sitzt, und je weiter sie ihre Vorderbeine herausstreckt, desto länger kann man auf gutes Wetter rechnen. Je weiter sie sich aber mit umgekehrtem Leibe verkriecht, desto länger dauert das schlechte Wetter. Alte Spinnen zeigen es richtiger an als junge; nur muß man, zufälliger Störungen wegen, mehrere beobachten, am besten des Morgens. Trifft man um 10 Uhr die Spinne, besonders die Kreuzspinne, im Mittelpunkte des Netzes, dieses mit den Füßen rüttelnd, so ist einer der schönsten Tage zu erwarten.

Bleystift.

Sehen Sie doch, lieber Vater, sagte Franz, zweymal habe ich den Bleystift zugespitzet, und immer ist er wieder abgebrochen; wie werde ich Linien ziehen können? Sey nur nicht voreilig, antwortete der Vater, du wirst beym Zuspitzen zu sehr niedergedrückt haben, und da mußte er abbrechen.

Franz. Gewiß nicht, guter Vater; es scheint, als wenn der ganze Bleystift aus kleinen Stückchen bestände. Fritzen ging es vor Kurzem eben so, die ganze Bley= feder hat er beinahe verschnitten, bevor er einen ordentli= chen Spitz zuwege brachte. Wenn man doch die Bley= federn besser machte. Der Kaufmann sollte so ein schlech= tes Stäbchen gar nicht verkaufen.

Vater. Ja, wenn er in das Innere hineinsehen könnte, so würde er es lieber gar nicht kaufen. Doch können wohl nicht alle Bleyfedern gut seyn: unter guter Waare findet man gewöhnlich auch eine schlechtere.

Franz. Nun so sollte man nur gute Waare machen.

Vater. Ist wohl eine Feder, die du dir schneidest, immer so gut als die andere?

Franz. Das wohl nicht.

Vater. Nun woran liegt der Fehler?

Franz. Manchesmal an dem Kiele, oft gelingt mir das Schneiden nicht so gut.

Vater. Siehst du mein Kind, so mag es wohl auch denen gehen, die Bleyfedern machen.

Franz. Wohl wahr; aber sagen Sie mir doch, lie= ber Vater, wie werden die Bleystifte gemacht, ich hätte es schon längst gern gewußt. Ich brauche so oft eine Bleyfeder, und weiß noch nicht einmal, woher sie kommen.

Vater. Sehr gern, wenn du mir nur auch aufmerk= sam zuhören willst. Sieh die Bleyfeder hier an, so wirst du von Außen Holz und von Innen das Bley bemerken.

Franz. Ist dieses Innere also wirklich Bley?

Vater. Nein, es ist kein eigentliches Bley, sondern es hat nur in der Farbe eine Aehnlichkeit mit demselben. Es ist ein thonartiges Mineral, welches man schwarzes Bley, englisches Bley, Seifenbley, Wasser=

bley, Reißbley, Talkblende u. s. w. nennt, und
in Bergen gefunden wird. Das reinste und feinste bricht
man in Barrowdale in der Grafschaft Cumberland in
England. Das aus andern Gegenden, z. E. das deut=
sche, welches in Ybs bey Regensburg, bey Haffner=
zell und Pfaffenmuth im Lande ob der Enns, bey
Böhmischbrot und Prokop in Böhmen gefunden
wird, ist nicht so gut und mürber. Man findet es in
großen Stücken von zehn bis zwölf Pfunden. Aus die=
sem werden nun die Bleystifte auf eine sehr einfache Art
verfertiget: das Reißbley wird mit feinen Sägen in sehr
dünne Täfelchen geschnitten. Aus diesen schneidet man
wieder solche viereckige Stifte, wie man sie in den Bley=
stiften findet. Indessen hat man schon solche runde Stäb=
chen, wie bei deiner Bleyfeder, bereit, welche wie eine
Rinne viereckig ausgehöhlt sind. In diese Rinne wird
der Stift sauber und dicht eingepaßt, und ein viereckigtes
Stäbchen genau darauf geleimt. Dieses alles kannst du
an deiner Bleyfeder deutlich sehen.

Franz. Da sollte man doch nicht glauben, daß meh=
rere Stückchen in einer Bleyfeder sind, wie ich an der
meinigen schon oft bemerkt habe.

Vater. Dieses geschieht wohl oft; denn wenn die
Stifte, die man einlegen will, abbrechen, oder zu kurz
sind, so werden kürzere Stücke so lange dicht daran ge=
legt, bis die eingerinnte Einfassung voll ist.

Franz. Nun begreife ich es: aber das kommt mir
sonderbar vor, daß ein so dünner Bleystift, wie der mei=
nige hier ist, um so viel theurer verkauft wird, als die
daumendicken, welche die Zimmerleute und andere Hand=
werker gebrauchen, da diese doch augenscheinlich viel mehr
Reißbley in sich haben als der meinige.

Vater. Ich will dir gleich erklären, woher das kommt. Die Bleystifte, von denen ich bis jetzt gesprochen habe, sind bey uns zu Lande die besten. Was beym Sägen der Stifte abfällt, oder zum Sägen nicht geeignet ist, wird zu Pulver zerstoßen, mit Schwefel, oft auch mit Kohlenstaub vermischt, und zu einem Teige abgeknetet. Dieser Teig wird gehärtet, und daraus werden Bleystifte von geringerem Werthe verfertiget, wie jene der Zimmerleute. Man kann sie aber von den ächten sehr leicht unterscheiden, weil sie beym Zeichnen rauhe und harte Striche geben. Sonst sind sie auch daran zu erkennen, daß, wenn man sie ans Licht hält, der Schwefel zu brennen anfängt.

Franz. O ja, Vater, ich erinnere mich, daß ich mit einem solchen Bleystifte die Anfangsbuchstaben meines Namens schnell an einen glühenden Ofen geschrieben habe, und daß sie wie Feuerperlen geglänzt haben. Aber was war das für ein Bleystift, den der Krämer, dem Sie vor einiger Zeit Bleystifte abgekauft haben, am Lichte angezündet hat?

Vater. Bey diesem war nebst Schwefel auch Harz zugesetzt, und diese brennen wie Siegelwachs am Lichte. Das meiste Reißbley, das man in Deutschland findet, läßt sich ohne besondere Zubereitung zu Stiften nicht zersägen. Man zerstößt es daher, und schmelzt es mit dem dritten Theil Schwefel und etwas Harz unter fleissigem Umrühren zusammen. Sodann schüttet man die Masse, wenn sie etwas abgekühlt ist, auf eine steinerne Platte, und drückt sie so breit, daß sie die Gestalt eines Kuchen annimmt. Wenn sie hierauf völlig kalt und verhärtet ist, so zersägt man sie, und faßt sie in Rohr oder Holz. Wenn man diese Bleystifte ans Licht hält, brennen sie mit bläulicher Flamme.

Franz. Sie haben mir aber noch nichts von den eng-

lifchen Bleyftiften gefagt, die fo hoch gefchätzt werden,
diefe find gewiß aus England?

Vater. Die englifchen Bleyftifte, die man ge=
wöhnlich bey uns unter diefem Namen verkauft, kommen
nicht aus England, fie werden hier zu Lande verfertiget,
und find eben jene, von denen ich am erften gefprochen,
und die, wie ich zuvor gefagt habe, bey uns die beften
find. Freilich gibt es ächt englifche Bleyftifte, die aus
England kommen und einen überaus blendenden Glanz
haben. Es ift aber fchwer, einen zu bekommen, weil die
Engländer wenige davon ausführen laffen, und das deß=
wegen, damit er nicht gemein wird, und dadurch feinen
hohen Preis nicht verliert. Die Reißbleygruben in Cum=
berland find einer Gefellfchaft verpachtet, welche fie
nur alle 6 bis 7 Jahre öffnen läßt, um diefes Produkt
in ihrem Werthe zu erhalten, und es fteht fogar die To=
desftrafe auf Uebertretung diefes Verbotes. Das Aus=
land erhält nur bisweilen in Geheim kleine Stücke diefes
Minerals. Das übrige kommt zerfägt, oder fchon zu Bley=
ftiften verarbeitet heraus. Gewöhnlich find die englifchen
Bleyftifte in Cedernholz gefaßt, welches angenehm riecht
und violete Adern hat. Man unterfcheidet einen ächten
englifchen Bleyftift von dem verfälfchten, noch ehe man
ihn angefchnitten, fchon dadurch, daß er ungefähr in der
Hälfte ein ganz kleines Löchelchen hat, zum Merkmale,
daß das Bley nur bis dahin geht. Die ganze übrige Hälfte
ift bloßes Holz, daher man auch an einem Ende kein Bley
fieht. Die Spitze feilt man mit einer Feile an, aber auch
beym Zufpitzen mit einem Meffer zerbricht er nicht. Man
pflegt fie in langen Schachteln zwifchen feinen Hobelfpäh=
nen von Cedernholz zu vier Dutzend in jeder Schachtel
zu verfenden. Auf jedem Bleyftifte ift das Zeichen, der

Name und das Probatum des Verfertigers mit einem Ei=
sen, welches man über der Flamme eines Lichtes heiß
macht, gebrannt.

Die beyden Reisenden.

Ein vornehmer Reisender stieg des Abends in einem Gast=
hause ab. Um lieber unter Menschen, als in einem Stüb=
chen allein eingeschlossen zu seyn, ging er in die Gast=
stube. Unter der Menge Reisender, die da einkehrten,
bemerkte er einen wohlgekleideten jungen Mann, der auf
seinen Reisebündel gestützt, nachdenkend bey einem Tische
saß. Seine offene Miene erregte Zutrauen, und ließ auf
eine schöne Seele schließen; sein Blick war ernst, aber
freundlich, und sein ganzes Aeußeres hatte einen gewis=
sen edlen Anstand, der junge Leute leicht empfiehlt; doch
konnte man in seinem Gesichte einen gewissen Trübsinn
lesen, welcher verrieth, daß ihm etwas schwer am Herzen
liegen müsse. Der Reisende näherte sich ihm, und ließ
sich in ein Gespräch mit ihm ein. Der junge Mensch
sprach verständig und bescheiden. Jede Antwort und jede
Frage war überdacht, und das Vorlaute und Absprechende,
welches bey jungen Leuten, auch bey solchen, die Kennt=
nisse haben, so oft mißfällt, war an ihm nicht zu bemer=
ken, vielmehr äußerte er Achtung gegen den Fremden,
war in seinem Benehmen artig und bescheiden, suchte sich
immer mehr belehren zu lassen, als daß er mit seinen
Meinungen und Urtheilen voreilig heraus glitschte.

Der junge Mann wurde durch die Unterredung dem Rei=
senden immer interessanter; und wenn er schon einen Em=

pfehlungsbrief in seinem Gesichte zu haben schien, und sein
Aeußeres jeden für ihn einnehmen mußte, so zwang er
gewiß jedem Achtung ab, der ihn näher kennen lernte.
Der Reisende, ein Mann von Kopf und Herz, der noch
immer viel Niedergeschlagenheit an dem jungen Manne
entdeckte, wollte in sein Geheimniß eindringen, um, wo=
möglich, die Ursache desselben zu heben; doch hatte er schon
so viel Achtung für ihn, daß er sich nicht getraute, ihn
darum zu fragen. Nachdem sie einige Zeit über verschie=
dene Gegenstände gesprochen hatten, bath der Reisende
den jungen Mann, ihn auf sein Zimmer zu begleiten, und
mit ihm das Nachtmahl einzunehmen, indem er sagte, daß
er die Zeit wohl nicht angenehmer, als in seiner Gesell=
schaft zubringen könnte. Nach einigen Entschuldigungen,
und auf das Zudringen des Reisenden nahm der junge
Mann die Einladung an, und beyde gingen auf das be=
reitete Zimmer im ersten Stockwerke.

Während des Nachtmahles suchte der Reisende den
jungen Mann immer mehr an sich zu ziehen und sein
ganzes Zutrauen zu gewinnen, um ihn offenherzig zu ma=
chen; er hoffte, daß sich im Gespräche eine Gelegenheit
ergeben werde, seine Umstände zu erfahren, ohne daß er
ihn darum fragen dürfte. Endlich fing der junge Mensch
also an: Ich bin ein Maler aus Berlin. Meine guten
Aeltern haben in meiner Jugend alles aufgewendet, um
mich gut zu unterrichten, und mich fähig zu machen, mei=
nen Lebensunterhalt auf eine anständige Art zu verdienen.
Ich hatte Lust und Anlage zur Malerkunst; die geschickte=
sten Meister leiteten mich, ich machte Fortschritte, hatte
nun hinlängliche Beschäftigung, und verdiente so viel,
als ich brauchte, konnte auch manchen Nothpfennig mei=
nen Aeltern geben, und dadurch alte Schulden bezahlen.

Beyde leben noch, aber sie sind alt und arm. Der Krieg brach im Jahre 1806 aus, die Franzosen überschwemmten die preußischen Länder, kamen nach Berlin, die Reichen und die Kunstfreunde, von denen ich doch nur Verdienst erwarten konnte, flohen; ich war ohne Arbeit, ohne Verdienst. Das Wenige, was ich erübriget hatte, war von mir und meinen Aeltern bald aufgezehrt. Wir hofften Friede, mit demselben den Abzug der französischen Truppen und die Rückkehr des Adels und der Reichen, von denen Arbeit zu hoffen war; aber leider ist schon mehr als ein Jahr verflossen — es ist zwar Friede, aber die Feinde sind und bleiben noch im Lande — die Noth ist am höchsten. Nur Leichengesichter sieht man allenthalben, ein jeder blickt den andern mitleidig an, und getraut sich nicht, ihm die Noth zu klagen, weil er weiß, daß dieser eben so elend ist.

Da in Berlin nicht bald noch eine Aussicht auf bessere Zeiten zu hoffen war, beschloß ich nach Wien zu reisen, um dort mein Glück zu versuchen. Ich verkaufte, was ich noch entbehren konnte, um Reisegeld zu erhalten, ließ meinen Aeltern von dem sparsam gelöseten Gelde einen Nothpfennig zurück, und trat unter tausend Segnungen derselben die Reise an. Schwer trennte ich mich von ihnen, vielleicht — auf immer. Meine Hände werden mich wohl ernähren, aber wovon sollen meine armen Aeltern leben? Noth und Kummer werden sie ins Grab bringen. — — — Thränen traten da dem jungen Manne ins Auge, und nach einem tiefen Seufzer fuhr er fort: Ich habe jetzt noch kaum den halben Weg zurück gelegt, und ohne die geringste Ausgabe unnöthig gemacht zu haben, wird mein Reisegeld bald zu Ende gehen. Sie wissen selbst, daß die Theurung allgemein ist, und daß der Wirth die Zeche des

Reisenden immer nach dem Kleide tarirt, das dieser trägt.
Meine noch übrigen Kleider werde ich verkaufen müßen,
aber wie werde ich mich dann in Wien zeigen können?
Almosen suchen? Ha! da schaudert mir schon vor dem Ge=
danken; nie habe ich außer dem väterlichen Hause einen
Heller unverdient erhalten, noch viel weniger erbettelt. —
Doch — mich wird die Noth nicht zu Boden drücken, aber
meine guten Aeltern kümmern mich. —

Seyn Sie getrost, junger Mann, erwiederte der Rei=
sende, Mangel und Noth machen uns nur gegen anderes
Ungemach, das uns noch treffen kann, fester, und wo die
Noth am größten ist, dort ist gewöhnlich, die Hülfe am
nächsten. Ihre Lage ist hart, aber verzweifeln Sie nicht.
Nach trübem Wetter kommt Sonnenschein; eine erfreulichere
Zukunft erwartet Sie vielleicht. Ich selbst werde das Mei=
nige dazu beytragen, wenn ich in der Kaiserstadt anlangen
werde. Doch, — Sie werden von der Reise müde seyn,
ich bin es auch. — Welchen Weg werden Sie morgen neh=
men, und wann werden Sie aufbrechen? Ich folge der
Hauptstraße, antwortete der junge Mann, mit dem frühe=
sten Morgen, mit Sonnenaufgange bin ich auf den Beinen.
Müßte ich nicht einen andern Weg einschlagen, sagte der
Reisende, so würde es mir ein Vergnügen seyn, Sie in
meinen Wagen zu nehmen. Leben Sie wohl, vielleicht
treffen wir uns noch auf der Reise. Beyde gingen zu
Bette.

Der junge Maler war mit Sonnenaufgange auf dem
Wege: der vornehme Reisende fuhr um zwey Stunden
später ab. Indessen hatte er einen Brief geschrieben, und
in denselben eine Banknote von fünfhundert Gulden gelegt.
Er fuhr den nämlichen Weg, welchen der Maler gegangen
war. Vor der ersten Post=Station holte er ihn auf der

Straße ein. Freund, sagte er, indem er den Wagen einen
Augenblick halten ließ, hier ist ein Brief an Sie, und fuhr
eilig fort. Der Maler wußte nicht, wie das zuging, erbrach
den Brief, fand darin die Banknote von fünfhundert Gul=
den mit folgenden Worten: „Ich befürchtete Sie zu beleidi=
„gen, wenn ich Ihnen persönlich dieses Geschenk gäbe.
„Nehmen Sie es hin um ein Mittel zu haben, dankbar
„gegen Ihre Aeltern zu seyn. Reisen Sie glücklich und
„vergnügt.‟ — Wie versteinert stand der Maler da, er
wollte dem Wagen nachlaufen, um seinen Dank abzustat=
ten, aber dieser war schon zu weit entfernt. Bittend hob
er seine Hände gen Himmel um Glück und Segen über
den Mann, der auf die edelste Art wohlthätig ist, und nicht
einmal Dank dafür will. Er setzte seine Reise fort, und
hoffte denselben noch irgendwo anzutreffen, aber umsonst.
Freudig schrieb der junge Maler diesen Vorfall seinen Ael=
tern und theilte das Geschenk mit ihnen. Er kam zu Wien
an, fand Beschäftigung und Verdienst, unterstützte sorg=
fältig seine Aeltern, und hat nach einem Aufenthalte von
drey Jahren seine Rückreise wieder angetreten, um diese
noch einmal sehen und umarmen zu können. Er lebt jetzt
in Berlin, und erzählt oft, aber immer mit Rührung
seine Reisegeschichte nach Oesterreich.

Spanien.

Spanien gränzt an Frankreich, von welchem es durch hohe Gebirge, die Pyrenäen, getrennt ist, dann an Portugal; auf den übrigen Seiten ist es durch das Meer eingeschlossen.

Die Witterung ist gewöhnlich heiß. Doch erfrischen kühle Nächte und die Seewinde die Luft. Der Winter ist sehr gelinde, in den südlichen Provinzen fällt selten Schnee; die Bäume verlieren nie ganz die Blätter; ja es ist nichts Seltenes, die Felder in manchen Gegenden, z. B. in Castilien, Valencia und Murcia mitten in den Wintermonaten grünen zu sehen. Man hat in ganz Spanien keine Oefen, sondern nur Becken mit Kohlen zur Erwärmung. In einigen Gegenden besteht der Winter nur in einem anhaltenden Regen. Der Frühling tritt gewöhnlich schon im Jänner ein. Die Luft ist in Spanien gesund.

In einem so sanften und gesunden Klima reifen alle Früchte und Gewächse frühzeitiger, Früchte und Pflanzen sind schmackhafter; selbst die Kinder lernen früher gehen und sprechen. Meine jungen Leser möchten wohl wünschen, in einem so freundlichen Klima zu wohnen: doch alles Gute und Angenehme ist nie beysammen; die göttliche Vorsehung hat es schon so eingerichtet; so haben auch die Spanier zwey gefährliche Feinde ihrer Gesundheit. Bey den heissesten und schwülsten Tagen erhebt sich oft ein durchdringend kalter Wind, der aus den rauhen Gebirgen herabwehet, und

den sie Galliego nennen. Dieser macht der brennendsten
Hitze gählings ein Ende. Diese schnelle Abwechselung ist
der Gesundheit sehr schädlich, und verursachet gefährliche
Fieber, Koliken und Husten. Ein anderer Wind, den
sie Solano nennen, bläset aus Afrika über das Meer
her, und treibt durch zehn bis zwölf Tage die Hitze zu einem
solchen Grade, daß sie unerträglich wird. Dadurch ent=
stehen Melancholie, Schwindel, Entzündungen und Wahn=
sinn, der im südlichen Spanien häufig ist.

Spanien ist gewiß eines der schönsten und gesegnetsten
Länder. Im Allgemeinen ist es sehr gebirgig. Aber zwi=
schen den Bergen öffnen sich sehr schöne, fruchtbare, ja pa=
radiesische Thäler. Diese reizenden Ebenen werden von
vielen großen und kleinen Flüssen und Bächen durchschnit=
ten. Nur im Inneren der Gebirgsgegenden gibt es noch
weit gedehnte Einöden, welche aus Mangel der Bewohner
noch nicht bearbeitet sind. Die Gebirge sind sehr reich an
Gold, Silber, Platina, Kupfer, Bley, Zinn, Eisen,
an natürlichem Stahl, an Magnet, Quecksilber, Berg=
zinnober, Spießglas, Kobolt, Wismuth, Zink, Gallmey,
Wasserbley, Braunstein, Arsenik, Vitriol und Salpeter.
Doch werden die Bergwerke nicht so eifrig gebauet, daß man
den größten Nutzen daraus ziehen könnte. Selbst auf Gold
und Silber wird wenig seit Entdeckung von Amerika ge=
bauet, da sich die Spanier diese edlen Metalle mit gerin=
gerer Mühe aus diesem Welttheile verschaffen konnten. So=
gar der Fluß Tinto ist kupferhältig. Sein Wasser ist
gelb, und kann weder von Menschen noch Thieren getrun=
ken werden. Die Pflanzen, welche damit begossen werden,
sterben ab, und was man hineinlegt, versteinert sich.

Der Reichthum des Landes zeigt sich auch besonders an
edlen und nützlichen Steinarten. Man findet Diamanten,

Rubinen, Topase, Amethyste, Krystalle, Lasursteine, Jaspis, Achat, Alabaster, und ganze Berge mit schönem, rothgestreiftem Marmor. Steinkohlen, Torf, Bernstein und Schwefelgruben sind auch vorhanden. Salz hat es im Ueberflusse. Bey Cordona in Catalonien befindet sich ein Fels von Steinsalz, der fünfhundert Fuß hoch ist, und beinahe eine Meile im Umfange hat. Aus diesem harten Salze werden Figuren, meistens Abbildungen der Heiligen gehauen, und häufig verkauft.

Hier wachsen alle Arten Getreide von bester Gattung, auch viel Reiß, Mais, Manna, Taback, Sumach, Safran, Granatäpfel, Melonen, Johannisbrot, Datteln, Baumwolle, Aloe, Süßholz, Kappern, Krapp, Flachs, Hanf, auch Zuckerrohr. Die Zwiebel, eine gewöhnliche Speise der Spanier, sind besonders groß und süß. Ihre Kartoffeln sind schmackhafter als die unsrigen: Spanien hat auch noch andere sehr nützliche Gewächse. So wächst dort, ein binsenartiges Gras, Spartum genannt, aus dessen Stängeln Stricke, Körbe, grobe und selbst mousselin-artige Zeuge verfertiget werden. Der Baumwollenstrauch, der Kappernstrauch, das Zuckerrohr und spanische Rohr befinden sich dort. Trefflich gedeiht in diesem Lande der Wein, die Trauben werden hier ungemein groß, sehr süß und saftig. Viele meiner Leser werden schon oft den Malaga, Valdepennas, Xeregwein, Tinto de Rota, den Alicante, Malvasier und andere spanische Weine nennen gehört haben. Von diesen köstlichen Weinen wird sehr viel ins Ausland und zwar, so lang er über spanisches Gebieth geht, in Schläuchen verführt, welche, so oft es nöthig ist, in Flüsse gelassen werden, um ihn dadurch frisch zu erhalten. Für Kinder sind diese Weine

4

viel zu geistig, obwohl sie süß schmecken. Alles Obst ist hier vollsaftiger und schmackhafter. Spanien ist sehr reich an nützlichen Bäumen. Die Oelbäume, Pfefferbäume, Korkbäume, Terpetin = und Mastirbäume, Cedern und Cypressen sind hier häufig. Citronen, Pomeranzen, Mandeln, Kastanien und dergleichen Früchte wachsen im Ueberflusse. Doch hat dieses so fruchtbare Land Mangel an Bauholz, weil die Wälder zu wenig gepfleget werden.

Unter den Thieren zeichnet sich das spanische Pferd an Schönheit, Schnelligkeit und Gelehrigkeit besonders aus. Maulthiere gibt es hier sehr viele und besonders schöne Esel. Das Hornvieh ist schön, aber nicht zahlreich genug, und dieses aus Mangel des Futters in einem so fruchtbaren Lande, weil die Wiesen nicht gepfleget werden. Um Milch zu haben, wird besonders in den Gebirgsgegenden eine ungeheure Menge Ziegen gezogen, die in den unbebauten Gegenden doch saftreiche Nahrung finden. Außer den Hauskatzen, die hier meistens röthlich sind, hat man hier auch zahme Zibetkatzen. Stark ist die Schweinszucht, und die spanischen Schafe werden wohl meinen Lesern schon längst wegen ihrer feinen Wolle bekannt seyn. Der größte Theil des Vermögens des Adels und der wohlhabenderen Leute besteht in Schafheerden, und nicht selten hält Ein Güterbesitzer 40 und mehrere Tausend Schafe. Spanien liefert bei 11 Millionen Pfund Wolle von 5 Millionen Merinos = Schafen; es hat aber noch über 5 Millionen Schafe von geringerer Wolle. Die Heerden sind den größten Theil des Jahres auf der Weide unter freyem Himmel, und ziehen von einer Gegend in die andere, wo gutes Futter ist. Der Seidenbau ist sehr beträchtlich, und es wird jährlich eine große Menge Seide außer Land verführt, welche die inländischen Seiden=Ma=

nufakturen nicht verarbeiten können. An Wildprät herr-
schet Ueberfluß; aber auch Raubthiere, Bären, besonders
Wölfe trifft man hier an.

Bey so vielen nützlichen Thieren gibt es auch viele,
welche den Einwohnern zur wahren Plage sind. Es gibt
hier viele Schlangen, unter denen auch einige giftige.
Lästiges Ungeziefer gibt es hier in Menge, das die Menschen und Thiere bey Tag und Nacht plagt. Die Ta-
ranteln, eine Art Spinnen, und die Scorpionen bringen
den Menschen schmerzhafte und gefährliche Stiche bey.
Große Heuschrecken ziehen schaarenweise von einem Orte
zum andern, und verwüsten ganze Gegenden. Doch sind
wieder die Canthariden oder spanischen Fliegen, die zu
Zugpflastern, (Visikatoren) überall verwendet und die Bienen, die hier häufig gezogen werden, nützliche Insekten.

Das schöne fruchtbare Spanien könnten leicht 30 Millionen Menschen bewohnen, und einst lebten auch so viele
in diesem Lande. Aber seit der Entdeckung von Amerika,
wo so viele in diesen fremden Welttheil auswanderten,
hat die Bevölkerung sehr abgenommen. Hierzu trugen
die unaufhörlichen Kriege und eine verheerende Pest unter König Philipp dem Fünften Vieles bey. In
den neuesten Zeiten war Spanien seit dem Jahre 1807
der immerwährende Schauplatz eines blutigen Krieges, in
welchem die spanische Nation, von den Engländern unterstützt, bis zum Jahre 1814 mit edlem Patriotismus
gegen den ihr aufgedrungenen König Joseph Bona-
parte kämpfte, und mit seltener Aufopferung und Ta-
pferkeit das Reich ihrem rechtmäßigen Beherrscher König
Ferdinand VII. wieder eroberte. Dieser Krieg hat auch
die Bevölkerung vermindert, obwohl er als Beyspiel des

4 *

Nationalgeiſtes und der Anhänglichkeit an Monarchen im=
mer in der Geſchichte glänzen wird. Auch in neuerer Zeit
hat Spanien durch innere Unruhen viel gelitten, und be=
ſonders war dieſem Reiche der Verluſt der amerikaniſchen
Kolonien empfindlich. Gegenwärtig bewohnen beiläufig 11
Millionen Menſchen dieſes Land.

Der Spanier hat im Allgemeinen ſchwarze Haare, eine
bleiche oder olivenfärbige Haut, feurige Augen, eine läng=
liche Naſe, er iſt hager, von mittlerer Größe, fein und
gewandt. Sein Körper iſt dauerhaft, und hohes Alter iſt
bey ihnen gar nicht ſelten. Dagegen gibt es in dieſem
Lande ſehr viele Blinde und Wahnſinnige. Sonſt ſind
die Spanier heftig, lieben Vergnügen, doch nicht ſehr die
Arbeit, ſie ſehen viel auf äußeren Glanz und herkömmliche
Gebräuche, ſie ſind hochmüthig, prahlen gern, und ſehen
nicht ſelten mit Stolz und Verachtung auf andere Nationen
herab, ſie ſind talentvoll, tapfer und anhänglich an ihre
Staatsverfaſſung, haben eine ſehr lebhafte Einbildungs=
kraft, und halten auf Künſte und Wiſſenſchaften.

In Spanien wird ſehr allgemein Oel ſtatt der Butter
oder ſtatt des Schmalzes verkocht, welches von dem Man=
gel an Rindvieh und von dem Ueberfluſſe an Oelbäumen
herkommt. Der Taglöhner und gemeine Mann eſſen Zwie=
bel, Gemüſe mit Oel, aber kein Fleiſch. Die Wohl=
habenderen bereiten ſich eine Speiſe von Zwiebel, Knob=
lauch, Kartoffeln, Erbſen und vielem Pfeffer mit Fleiſch,
welche Porchero genannt, und ſo allgemein gegeſſen wird,
daß man ſie für eine Nationalſpeiſe halten kann. Braten
ſpeiſen nur die Reichſten, und auch eine ihnen eigene Speiſe,
die ſie Ollapotrida nennen, und die eine Art Kopf=
paſtete iſt, und aus zuſammengekochten klein geſchnittenen
Fiſchen, Wurzeln und Kräutern beſteht. Ueberhaupt iſt

man in Spanien bei Tafeln nicht so verschwenderisch, als
die Reichen bey uns. Wie bey uns Kaffee, so wird in
Spanien Choccolade von der mittleren Volksklasse täglich
getrunken. Doch ist dieses Getränk für die Haushaltun=
gen nicht so verderblich, weil die Choccolade, obwohl sehr
gut, dennoch sehr wohlfeil ist. Der Gebrauch des Wei=
nes ist bey ihnen seltener, er wird nur von dem gemei=
nen Arbeiter und von Ausländern getrunken. Die spa=
nische Nationaltracht, welche man häufig auf Gemälden
findet, zieht der höchste Adel nur an, wenn er in den
Rath und in die Gerichtshöfe geht. Die gewöhnliche Klei=
dung ist, wie bey uns, französisch. Doch trägt man fast
durchgängig über dieselbe braune Mäntel, die bey Vor=
nehmen mit Gold besetzt sind; auch tragen diese ziemlich
allgemein Degen, um sich von dem gemeinen Volke zu
unterscheiden. Männer und Weiber der Mittelklasse tra=
gen über die Haare ein Netz; die Männer bedecken es
noch mit einem Hute, der Pöbel wickelt seine Haare in
einen Knoten, und bedeckt sie mit einer Mütze von Filz
oder von braunem Tuche. Diese Haarknoten mit der Mütze
sind auch bei dem Morgenanzuge der Reichen gewöhnlich.
Die galanten Spanierinnen tragen auch eine Haube, die
tief auf den Rücken hinabhängt, und befestigen mit einer
Diamanten=Nadel ein langes weißes Mousselintuch am
Kopfe, welches an beyden Seiten in zwey Flügeln statt
einer Schürze tief hinabfällt. Sie tragen viel Schmuck,
und behängen an Sommerabenden die Haare mit leuch=
tenden Johanniskäfern. Die Moden verändern sich bey
den Spaniern nicht so sehr, wie bey unsern Stutzern
beyderley Geschlechtes.

Die Reichen halten nicht so viel auf prächtige Möbel,
als auf kostbare Geschirre, häufige Bediente, schöne Wa=

gen und Pferde. In den Zimmern der Mittelklasse sieht
man nur Strohsessel und einen Tisch. Eine Lampe dient
zur Beleuchtung und ein Kohlenbecken zur Erwärmung.
Dieses heißt man wegen der Holztheurung oft mit Nuß=
schaalen; um dieses. setzt man sich rund herum an kühlen
Tagen, und erwärmt sich. Der hohe spanische Adel, die
Grandes, leben außerordentlich glänzend. Sein Hoch=
muth wie sein Aufwand ist gränzenlos. Seine Tafeln
sind prächtig, doch ladet er nie Fremde ein. Die Gran=
des halten eigene Haustheater, worauf ihre zahlreiche
Dienerschaft spielt. Nicht einmal im Sommer begeben sie
sich auf das Land, daher fehlt es auch an schönen Schlös=
sern und Landgütern. Dieses mag auch eine Ursache seyn,
daß der nützliche Ackerbau dort zu wenig aufgemuntert,
und so schlecht betrieben wird.

Ueberhaupt lieben die Spanier rauschendes Vergnügen
aller Art. Große Gesellschaften, Musik=Konzerte, Bälle,
Theater, Schauspiele der Gauckler, Seiltänzer, Springer,
Kunstreiter und dergleichen sind ihre angenehmsten Unter=
haltungen. Kartenspiel und Jagd sind bey ihnen nicht
sehr beliebt. Aber die Stiergefechte werden in jeder nur
mittelmäßigen Stadt gehalten. Ein Adelicher zu Pferd
oder ein gemeiner Mann zu Fuß kämpfet mit einem wil=
den Ochsen, und sucht ihn mit der Lanze, mit dem Sä=
bel oder Dolche zu erlegen. Manche Kämpfer werden bey
diesem blutigen Schauspiele oft schwer verwundet.

Bey den Abendgesellschaften werden die Gäste mit ge=
zuckertem Wasser, mit Choccolade und allerley Backwerke
bedienet. Oeffentliche Bälle sind im Lande allgemein ver=
boten, desto häufiger werden Tanzunterhaltungen in Häu=
sern bey allen Volksklassen gegeben. Der Johannistag
wird mit Musik, Spaziergängen, die darauf folgende Nacht

durch eine allgemeine Beleuchtung, selbst der Kirchthürme,
gefeyert. Die Weinlese, die Kirchweihen, die Jahrmärkte
sind Volksfeste: auch die Fastnacht wird mit Lustbarkei=
ten, und von dem gemeinen Volke mit allerley Possen=
spielen zugebracht. Besonders lächerlich ist hierbey, daß
die Weiber eine ausgestopfte Mannsfigur in die Luft prel=
len, welche oft ihnen oder den Zuschauern zum allgemei=
nen Gelächter auf die Köpfe herabfällt.

Die Hauptstadt in Spanien ist Madrid. Sie ist auch
die Residenzstadt des Königs. Sie ist mit einer hohen
Mauer umgeben, hat 3½ Stunden im Umfange, 15 Thore,
42 freie Plätze, 7398 Häuser, 78 Kirchen, 62 Klöster,
22 Hospitäler und bey 156,000 Einwohner. Die Stadt
ist größtentheils gut gebauet, die Straßen sind breit, gut
gepflastert, des Nachts herrlich beleuchtet, und werden rein
gehalten. Prächtige Gebäude und Verzierungen der Plätze,
z. B. Springbrunnen sind wenig. Madrid hat aber
viele Humanitäts= und Lehranstalten, als ein großes Hos=
pital für Männer, ein anderes für Weiber, ein Taub=
stummen=Institut, wissenschaftliche Anstalten für alle Theile
der Rechtsgelehrsamkeit und Arzneykunde, mehrere Biblio=
theken, eine Real= und Ackerbauschule, viele Naturalien=
und Kunstsammlungen u. s. w. Die öffentlichen und sehr
schönen Spaziergänge liegen am Ende und vor der Stadt.
Der vorzüglichste darunter heißt Prado; er ist drey Vier=
telstunde lang, und besteht aus mehreren Aleen, die mit
Bänken und Springbrunnen versehen sind.

Das prächtigste Gebäude in ganz Spanien ist San
Lorenzo el real del Escorial, ein Hieronymiten=
kloster. König Philipp II. hat es nach einer am 10.
August im Jahre 1557 gewonnenen Schlacht gegen die
Franzosen erbauet. Da die Schlacht am Tage des auf

einem Roſte gebratenen heiligen Laurenz gewonnen wurde,
ſo erhielt das ungeheure Prachtgebäude auch die Form
eines Roſtes. Die Handhabe deſſelben macht die könig=
liche Wohnung aus. In der Mitte ſteht die nach der
Peterskirche zu Rom erbaute ſehr große Kirche mit 24
Altären, 10 Orgeln und den prächtigſten Kirchenſchätzen.
Unter dem prächtigen Hochaltare befindet ſich das nicht
minder prächtige Erbbegräbniß der königlichen Familie,
Pantheon genannt. Die Bibliothek iſt 36,000 Bände
ſtark, und ungemein ſchön. Ueberhaupt wetteiferten alle
ſchönen Künſte mit dem Reichthume, dieſen Ort bewun=
dernswerth zu machen. Sein Umfang beträgt 8000 Fuß
und ſeine Erbauung, welche im Jahre 1563 angefangen
und 1584 vollendet wurde, koſtete ſchon zu dieſer Zeit
5,290,570 Dukaten.

Der Druck der Luft. Kunſtſtück mit einem Glas Waſſer.

Fritz. Lieber Vater, Sie ſagten mir einſt, Sie woll=
ten ein volles Glas Waſſer umſtürzen, daß kein Tropfen
herausfließt.

Vater. Das ſollſt du gleich ſehen. Der Vater nahm
ein Glas Waſſer, deckte über deſſen Oeffnung ein Blatt
ſteifes Papier, drückte mit der einen flachen Hand das=
ſelbe an den Rand des Glaſes feſt, kehrte das Glas um,

und hielt das Blatt mit der flachen Hand so lange an
den Rand des Glases fest, bis das Wasser in umgekehr=
ter Lage ruhig stand. Hierauf nahm er die Hand sachte
weg, und siehe da! das Papier blieb am Glase, und das
Wasser in demselben hängen. Das ist herrlich, sagte
Fritz, aber lieber Vater, sagen Sie mir doch, wie das
kommt! das Wasser drückt mit seiner ganzen Last auf das
Papier, und doch fällt keines von beyden herab.

Das ist nichts anders, antwortete der Vater, als der
Druck der Luft von unten, der das Wasser im Glase
hängend erhält. — Der Druck der Luft? sagte Wilhelm
nachsinnend, das verstehe ich wohl nicht, erklären Sie mir
dieses, lieber Vater.

Ich muß dich, erwiederte der Vater, etwas mehr mit
den Eigenschaften der Luft bekannt machen, sonst wirst
du dir dieses nie erklären können.

Die Luft ist eine feine Materie, die unsere ganze
Erde umgibt. Wir sehen sie zwar nicht, aber wir sehen
ihre Wirkungen. Blätter und Zweige der Bäume wer=
den bewegt, ohne daß sie von irgend einer sichtbaren Kraft
gestoßen werden, die Flügel einer Windmühle drehen sich,
ein Schiff mit aufgespannten Segeln wird fortgetrieben,
uns selbst jagt der Wind oft fort, daß wir Mühe haben,
uns auf den Füssen zu erhalten. Der Wind, der dieses
bewirkt, ist nichts anders, als wenn jene unsichtbare Ma=
terie, die wir Luft nennen, in Bewegung gesetzt wird.
Wenn du einen Fächer, ein Blatt Papier oder derglei=
chen hin und her bewegest, so fühlst du einen kleinen Wi=
derstand, bewegest du deine Hand gegen das Gesicht, so
fühlst du einen Wind, oder die bewegte Luft; du hörst
ein Pfeifen oder Rauschen, wenn du eine Gärte oder
einen Zweig schnell herumschwingst, welches durch die be=

wegte Luft verurſachet wird. Obwohl du die Luft nicht
ſiehſt, und auch durch die beſten Vergrößerungsgläſer nicht
ſehen kannſt, ſo begreifſt du doch jetzt, daß ſie da ſeyn
müſſe. Nun wir wollen ſie auch aus ihren Eigenſchaften
genauer kennen lernen.

Die Luft iſt flüſſig. Waſſer, Wein, Oel ſind flüſſig,
weil man die Theile derſelben leicht trennen kann. Du
kannſt mit der Hand durch Waſſer, Wein, Oel leicht
durchfahren, und hierdurch den Zuſammenhang der Theile
trennen, aber nicht ſo durch Holz, Eiſen, Stein, welche
feſte Körper ſind. Die Luft iſt eben ſo flüſſig, wir
fahren mit der Hand in derſelben leicht hin und her.

Die Luft hat aber auch, was du nicht leicht glauben
wirſt, eine Schwere und ein Gewicht. Man hat eine
Maſchine, die man Luftpumpe nennt, womit man die Luft
aus einem Körper herausziehen kann. Wenn man nun
mit dieſer Luftpumpe aus einer hohlen kupfernen Kugel
die Luft herauszieht, ſo hat dieſe luftleere Kugel viel weniger Gewicht, als ſie hatte, wie ſie noch mit Luft angefüllt war.

Aber, ſagte Fritz, wenn die Luft Gewicht hat, ſo
müßte ich es doch auf der Hand fühlen, wenn ich ſie offen in der freyen Luft halte. Weil Luft überall iſt, ſo
iſt ſie auch rund herum um mich; ich aber fühlte nicht,
daß ſie ſchwer iſt, Gewicht hat, oder irgendwo durch ihre
Schwere auf mich drückt. Du haſt Recht, lieber Fritz:
aber gehe in die Küche, ſtecke die flache Hand tief in den
großen Waſſereymer, und ſag mir, ob dich das Waſſer
auf die Hand drückt, und ob du fühlſt, daß das Waſſer,
welches auf deiner Hand liegt, ſchwer iſt.

Fritz lief hinaus und verſuchte es. Nun haſt du wohl
bemerket, ſagte der Vater, daß das Waſſer ein Gewicht

hat, wie du in dem Eymer die flache Hand aufwärts
hieltest?

Fritz. Das kann man nicht merken, wohl aber, wenn
ich eine Flasche Wasser hereintrage, fühle ich, daß diese
durch das Wasser mehr Gewicht hat, als wenn sie leer ist.

Du erinnerst dich wohl noch, fuhr der Vater weiter
fort, als wir vor einigen Tagen im Bade waren, wie du
bis an die Schultern im Wasser standest. Hast du wohl
gefühlt, daß das Wasser auf dich drückt und schwer war.

Fritz. Nein das nicht.

Vater. Und du weißt doch, daß das Wasser schwer
ist. Sieh mein Sohn, dieses kommt daher, weil das
Wasser sowohl im Eymer auf deine Hand, als im Bade
auf den Körper von allen Seiten gleich drückt. So ist
es auch mit der Luft, sie drückt auf unsern Körper von
allen Seiten gleich stark, deßwegen fühlen wir den Druck
nicht. Hört aber der Druck von einer Seite auf, so wird
die Schwere sehr fühlbar. Wenn man zum Beyspiele
zwey hohle metallene Halbkugeln, die sehr genau an ein=
ander passen, an einander füget, und mit der Luftpumpe
die Luft aus denselben herausziehet, so kann man sie mit
aller Gewalt nicht auseinander bringen: woher mag das
kommen?

Fritz. Weil die Luft nur von der Außenseite drücket,
da in der hohlen Kugel keine darin ist, die entgegen drücken
kann. Jetzt kann ich mir bald erklären, wie es mit dem
umgekehrten Glase Wasser zugeht. Die untere Luft drückt
auf das Papier, und dieses an den Rand des Glases
fest an, daß es das Wasser nicht fallen läßt, denn von
oben kann die Luft auf das Wasser nicht gleich stark drücken,
weil der dicke Boden des Glases es hindert. Aber sagen

Sie mir doch lieber Vater, weil ich jetzt weiß, daß die
Luft ein Gewicht hat, wie schwer wiegt sie dann?

Vater. Ein Kubikfuß Luft, d. i. die Luft, welche
ein Gefäß anfüllen würde, das einen Schuh hoch, breit
und weit ist, wiegt nur etwas über zwey Loth; dennoch
ist der Druck, den die Luft auf eine gewisse Fläche ausübt, sehr groß. Wir wollen denselben nachher zu bestimmen suchen. Vorher wollen wir noch eine dritte merkwürdige Eigenschaft der Luft betrachten, nämlich ihre
Dehnkraft. Wir bemerken nämlich an der Luft ein
Bestreben sich auszudehnen. Wenn man zum Beyspiele
die vordere Oeffnung einer Spritze verstopft, und den
Stämpel hinein treibt, so daß die Luft, welche sich in der
Röhre befindet, dadurch in einen kleinen Raum zusammen gedrückt wird, so treibt sie, sobald der Druck nach-
läßt, den Stämpel wieder zurück. So auch bey jenem
Spielwerke, welches du letzthin bey den Bauernjungen
gesehen hast. Sie treiben in ein Stück von einer hohlen
Hollunderstaude, welches etwas über einen halben Schuh
lang ist, mit dem Stämpel einen Propfen vom nassen
Papiere oder Werg von der oberen Oeffnung bis zur unteren fest hinein. Dann stoßen sie auf eben diese Art einen zweyten Propfen mit dem Stämpel schnell hinein,
und bevor dieser über die Mitte des Rohres getrieben
wird, fährt der erste mit großer Gewalt und großem Krachen in eine weite Entfernung hinaus. Was mag ihn
hinaus treiben, da ihn weder der andere Propfen noch
der Stämpel berührt.

Fritz. Gewiß die Luft, die zwischen den zwey Propfen ist, und die durch das Hineintreiben des zweyten
Propfens, gepreßt wird.

Vater. Getroffen; nun diese sucht sich auszudehnen,

und treibt den vorderen Propfen mit so vieler Gewalt hinaus. Noch ein anderes Beyspiel, aus dem du deutlich sehen kannst, wie die Luft sich auszudehnen sucht. Wenn man eine wohl zugebundene zusammengedrückte Blase, worin nur noch wenig Luft befindlich ist, unter die Glocke einer Luftpumpe legt, und nun die Luft aus der Glocke herauszieht, so schwillt die Blase stark auf; die wenige darin enthaltene Luft dehnt sich aus, sobald der Druck der Luft, die sie umgibt, vermindert wird.

Friß. Sie sagten erst, daß der Druck, den die Luft auf eine gewisse Fläche ausübt, sehr groß ist, erklären Sie mir dieses doch deutlicher?

Der Vater ging, ohne ein Wort zu sprechen, ins Nebenzimmer, holte eine dritthalb Fuß, oder 30 Zoll lange Glasröhre von der Dicke eines starken Federkieles, die am obern Ende zugeschmolzen war. Er hielt das zugeschmolzene Ende unten, füllte dann die Röhre mit Queck-silber, verdeckte das offene Ende mit dem Finger, kehrte die Röhre um, daß das offene Ende unten war, und hielt sie so über ein darunter gestelltes Gefäß. Als er nun den Finger von der unteren Oeffnung wegzog, so fiel zwar etwas Quecksilber heraus, und es entstand oben am zugeschmolzenen Ende ein leerer Raum, aber doch nicht mehr als drey Finger breit, oder zwey Zolle: die übrigen 28 Zolle der Röhre blieben mit Quecksilber gefüllt. Nun Friß, sagte der Vater, wie gefällt dir das? Was hält das Quecksilber in der Röhre auf, daß es nicht herabfällt?

Friß. Nichts anders als der Druck der Luft.

Vater. Aber eben daraus können wir die Größe des Drucks der Luft abnehmen; wir sehen, daß dieser so stark ist, daß er eine 28 Zoll hohe Säule von Quecksilber

tragen kann. Wie hoch müßte wohl eine solche Wassersäule seyn, die von der Luft getragen würde. Weißt du
wohl, wie vielmal das Quecksilber schwerer ist, als das
Wasser?

Friß. Vierzehnmal, das haben Sie mir ja erst vor
einigen Tagen gesagt.

Vater. So ist also das Wasser auch vierzehnmal
leichter als das Quecksilber, wie hoch dürfte also die Röhre,
und in derselben die Wassersäule seyn, die von der Luft
getragen würde.

Friß. Vierzehnmal höher oder vierzehnmal acht und
zwanzig Zoll — erlauben Sie einen Augenblick — — das
macht — — drey hundert und zwey und neunzig Zoll oder
— — — zwey und dreyßig Fuß, acht Zoll. Wie hoch ist
dieses beyläufig?

Vater. Mehr als dreymal so hoch als dieses Zimmer.

Friß. Aber nur eines kann ich nicht recht begreifen:
warum bleibt denn nicht bei dem Kunststücke mit dem Glase
das Wasser im Glase hängen: wenn man das Papier
wegnimmt? Der Druck der Luft bleibt ja doch demun-
geachtet?

Vater. Das kommt daher, weil die untere Fläche
des hängenden Wassers nicht ganz ruhig horizontal bleibt.
Sobald nicht in allen Punkten der Gegendruck des Wassers
gegen die Luft gleich bleibt, so steigt die Luft als die leich-
tere Flüssigkeit in dem Wasser in die Höhe, setzt sich über
dasselbe in dem Glase, und drückt von oben her auf das
Wasser, bis der Druck der Luft von oben und der Druck
von unten gleich sind, und sich aufheben, da denn das
Wasser vermög seiner Schwere herabfällt.

Friß. Aber das Quecksilber fällt doch nicht aus der
Glasröhre? Fällt wohl das Wasser aus derselben auch

so, wie aus dem Glase heraus, wenn kein Papier darunter gehalten wird.

Vater. Nein. Du weißt, was ich dir schon vorlängst erklärt habe, daß die Theile des Wassers an einander hängen, sich anziehen, wie man an zwey nahen Tropfen, die gleich in einander fließen, leicht sehen kann. Nun dieses Zusammenhängen der Theile des Wassers, oder die Cohäsion, wie man sie zu nennen pflegt, ist bey einer so kleinen Oeffnung schon hinreichend, die Stelle des Papiers zu vertreten, und eine ruhige zusammenhängende Fläche zu bilden; wozu auch beyträgt, daß das Wasser vom Glase angezogen wird. Wenn man diese aber dadurch zerstört, daß man die Röhre stark auf und nieder bewegt, so fällt auch aus dieser das Wasser heraus.

Die Kröten.

Die Kröten sind für viele Menschen ein Gegenstand des Abscheues; ja einige haben eine solche Furcht vor diesen Thieren, daß schon ihr Anblick im Stande ist, sie fortzujagen, oder ohnmächtig zu machen; und wenige haben das Herz, sie anzufassen. Das macht, sie sehen garstig aus, haben etwas Eckelhaftes, Weiches, Schmutziges, Schleimiges und Träges an sich, leben in feuchten, niedrigen unreinen Oertern, haben eine langsame schleichende Bewegung, geben einen dumpfen traurigen Laut von sich,

und sind in dem übeln Rufe, daß sie, wer weiß, wie gif=
tig seyn sollen. Doch alle diese Eigenschaften berechtigen
nicht zu dem allgemeinen Hasse, womit Unverständige
diese Thiere verfolgen. Man muß sich vielmehr von Ju=
gend auf an den Anblick derselben gewöhnen, und sich
nicht vor ihnen scheuen, da sie nicht schaden können. Die
Natur hat ihnen gewiß ihren nützlichen Platz in der Reihe
der erschaffenen Dinge angewiesen, und so lichtscheu sie
gewöhnlich sind, so wissen sie doch die Freundschaft des
Menschen zu erwidern. Der Engländer Arscolt hatte
eine Kröte, die sehr zutraulich wurde. Sie hatte ihren
Wohnplatz unter einer Treppe im Hause. Da man ihr
sorgfältig alle Tage Würmer, Fliegen, Spinnen, Kel=
lerasseln und Fleisch gab, so wurde sie nach und nach so
zahm, daß sie alle Abende, sobald Licht im Hause ange=
steckt wurde, aus ihrem Schlupfwinkel hervorkam, und
gleichsam ihre Nahrung forderte. Sie lebte 36 Jahre in
diesem Hause, und hatte durch die reichliche Nahrung eine
ungewöhnliche Größe erreicht. Zuletzt raubte ihr ein Un=
fall das eine Auge, woran sie starb.

Ein glaubwürdiger Naturforscher, Herr Götze in Qued=
linburg, versichert, die Kröten, vor denen er sich sonst
auch scheuete, in der Folge oft angefaßt zu haben, so
daß er von ihrer Feuchtigkeit bespritzt, und seine Finger
durch ihren Schleim verunreiniget wurden; ohne jemals
Geschwulst oder sonstige Unannehmlichkeiten davon zu ver=
spüren. Ein kleines Mädchen habe er so dreist gemacht,
daß sie die Kröten mit bloßer Hand aus ihren Löchern
heraus nahm, und zwar ohne allen Schaden.

Ein anderer Beobachter, Herr Townson, hat die
Unschädlichkeit dieser Thiere noch mehr bestätiget. Er ließ
sie ganz vertraulich auf seinem Tische herumkriechen, und

den Zucker aus seiner Zuckerdose stehlen. Die Feuchtig=
keit, die sie in einer besondern Blase bey sich haben, die
man sonst mit Unrecht für Gift hielt, ist nichts anders,
als ein reines Wasser; Herr Townson hat es genau
untersucht, und davon gekostet. Die Kröte kann näm=
lich nicht ohne Feuchtigkeit leben. Sie trinkt aber nie
mit dem Munde, sondern saugt bloß Feuchtigkeit durch
die Haut ein. Diese sammelt sie in der vorhin erwähn=
ten Blase, vielleicht damit sie Vorrath von Wasser bey
sich habe, wenn sie von außen keines bekommen kann.
Läßt man Kröten an der trocknen Luft und auf einem
trocknen Boden liegen, so können sie nicht lange leben;
wenn man sie aber nur auf nasses Löschpapier setzt, oder
zuweilen mit einem Pinsel bestreicht, so zieht sich das
Wasser in die Haut ein, und in der Blase sammelt sich
der Vorrath davon. Diese Beobachtungen sollen aber
meine jungen Leser nicht dreist machen, daß sie die Krö=
ten, welche immer eckelhafte Thiere bleiben, mit den Hän=
den herumbalgen. Man hat auch Beyspiele, daß die Feuch=
tigkeit, welche sie von sich lassen, ätzend ist, und kleine
Geschwüre in der Haut verursacht.

Das Sonderbarste an den Kröten ist ihr zähes Leben.
Man hat mehreremale lebendige Kröten in Holz und Stein
eingeschlossen und verwachsen gefunden, die, wer weiß,
wie viel Jahre daselbst in einer Höhlung, die genau von
ihrem Körper ausgefüllet wurde, mochten gelebt haben.
Hiervon einige glaubwürdige Beyspiele.

In einem Steinbruche in Schweden wurde ein Stein=
block losgebrochen. Einer der Arbeiter zerschlug ihn, und
inwendig saß eine lebendige Kröte, deren Rücken schwärz=
lich, etwas gefleckt, der Bauch aber von heller Farbe war;

5

der ganze Körper hatte wie eine Rinde von kleinen Stück=
chen Stein. Die Augen waren klein, rund, goldgelb und
mit einem zarten durchsichtigen Häutchen bedeckt. Auch
die Oeffnung des Maules war mit einem gelblichen Häut=
chen verschlossen. Man fand unter derselben sowohl oben
als unten im Maule zwey scharfe Zähne. Sie zeigte fast
keine Bewegung, außer, daß sie die Augen schloß, wenn
man sie mit einem Stöckchen gelinde auf den Kopf drückte.
Als man sie stark auf den Rücken drückte, gab sie ein
kaltes Wasser von sich, und starb bald darauf, vermuth=
lich weil ihr die nöthige Feuchtigkeit mangelte. Man
wollte das Stück des Steines, worin ihre Spur abge=
druckt war, abschlagen, aber es zerfiel in Stücke.

Im Jahr 1764 wurde in einem Steinbruche in Loth=
ringen eine lebendige Kröte in einem Steinlager 45 Fuß
unter der Oberfläche der Erde gefunden; und man ver=
sicherte, daß es seit 30 Jahren die sechste sey, welche man
in Stein eingeschlossen gefunden habe.

Im Jahre 1771 wurde an einem Orte in Frankreich
eine Mauer eingerissen, wovon man gewiß wußte, daß
sie über 100 Jahre gestanden hat. Mitten in dem Mauer=
werke fand man eine Kröte, die zwar nicht mehr lebte,
aber allem Anscheine nach erst kürzlich gestorben seyn mußte.
In einer andern Mauer, die vor mehr als 50 Jahren er=
bauet war, befand sich eine noch lebende Kröte.

Im Jahre 1719 fand man in der Wurzel eines manns=
dicken Ulmenbaumes eine Kröte, die nur gerade so viel
Raum hatte, als ihr Körper einnahm; wie das Holz ge=
spalten wurde, kam sie heraus und ging fort. Man sah
gar keine Spur oder irgend eine Oeffnung, wodurch sie
hätte in das Holz hineinkommen können. Im Jahre 1751
fand man eben so eine Kröte in einem Eichenbaume.

Im Jahre 1780 fand man eine lebendige Kröte in einem starken Eichenstamme, 15 Fuß über der Wurzel dicht verwachsen, so daß sie mitten im Stammholze eingeschlossen war. Sie war von der Art getroffen, bewegte sich aber noch, und schien sehr alt und matt zu seyn. Das Holz war rings umher dicht, und ohne Ritzen und Löcher.

Im Jahre 1795 am 26. Dezember, als in einem Steinbruche ein großer, dichter Stein gespalten wurde, fand man in demselben drey lebendige Kröten, zwey große und eine kleine, die in einer länglich runden, inwendig mit einer gelblich braunen Materie lackirten Höhlung beysammen lagen. Sonst war keine sichtbare Höhlung in diesem Steine; auch war nicht die mindeste sichtbare Spur von einer Verbindung dieser Höhlung mit der äußern Luft und der Stein nahe um sie herum war eben so hart, als an den übrigen Stellen. Sie wollten sehr ungern aus ihrer Höhle heraus, wo sie, wer weiß, wie lange mochten beysammen gesessen haben; wenn man sie heraus gejagt hatte, sprangen sie immer wieder hinein. Als man sie endlich nöthigte, auf das benachbarte Gras zu springen, so hüpften sie munter umher, und ließen sich schwer beysammen halten. Nach Verlauf einer halben Stunde waren sie alle todt.

Derley Fälle veranlaßten einen französischen Naturforscher, Herrn Herissan, folgenden Versuch mit diesen Thieren anzustellen. Er nahm den 21. Hornung 1771 drey lebendige Kröten, schloß sie in ein Kästchen, und bedeckte sie an allen Seiten mit nassem dick aufgetragenen Gyps, doch so, daß jede von der andern getrennet, und in einer eigenen Höhlung war. Der nasse Gyps, wie je-

5 *

der weiß, stockt, und wird hart, daß keine Feuchtigkeit
durchdringen kann. Den 8. April 1774 — also über
drey Jahre nachher — öffnete er das Käsichen, und fand
die in der mittelsten Höhlung todt, vermuthlich weil sie
die größte und zu sehr eingeengt war; die beyden andern
aber lebten und befanden sich wohl.

Herr Bose schloß Kröten auf dieselbe Art in Gyps
ein, er fand aber vier davon nach acht Tagen todt; daß
die beyden andern lebten, davon waren Oeffnungen die
Ursache, durch welche die äußere Luft Zugang hatte, die
man aber von außen nicht sah. Er schloß hieraus, daß
eine Kröte, obgleich lange hungern, doch nicht lange ohne
Luft leben kann. Er zieht obige Erzählungen von den
in Steinmassen und Baumstämmen gefundenen Kröten in
Zweifel, und glaubt, man habe sich durch den Schein
täuschen lassen. Meine lieben Leser werden selbst die
Fragen aufwerfen: Wie sind die Thiere in den Stein,
in das Holz hinein gekommen? Wie lange mögen sie
darin gelebt haben? Wovon mögen sie gelebt haben?
In der That lauter Räthsel, die aber andere Naturkun=
dige auf folgende Art lösen.

Das erste Räthsel: Wie sind sie in den Stein oder in
das Holz hinein gekommen? läßt sich wohl kaum anders
als so erklären: das Ey, aus welchem die Kröten ent=
stehen, kam zufälliger Weise in die Materie des Steines,
als dieser noch weich war, oder in den Baum, als er
anfing, aus dem Kerne zu wachsen. Aus diesem Eye
entwickelte sich nach und nach die Kröte, als sich die Masse,
von der sie umgeben war, noch ausdehnen ließ.

Bey dem Steine könnte man zwar auch annehmen,
die Thiere seyen schon erwachsen gewesen, als sie von der
noch weichen Masse, die nachher zu Stein erhärtete, ein=

geschloſſen wurden; aber dieſe Erklärung ſcheint ſich wohl nicht bey dem Holze anwenden zu laſſen.

Aber was läßt ſich nun auf die zweyte Frage antworten: Wie lange haben die Thiere da in ihren Löchern geſeſſen? Doch wohl ſchon von der Zeit her, da der Stein noch weiche Maſſe war, und der Baum erſt anfing, hart zu werden. Wenn man nun bedenkt, daß eine Eiche wohl hundert und mehrere Jahre braucht, um zu einem dicken Baume heran zu wachſen, ſo muß man über das Alter dieſer Thiere erſtaunen. Kann es wohl möglich ſeyn, daß ſie vielleicht hundert und noch mehrere Jahre ohne Bewegung in ihrem engen Loche ſollen geſeſſen haben, ohne ihre Füſſe zum Gehen, ihr Maul zum Freſſen, ihre Augen zum Sehen gebrauchen zu können, und doch kann man faſt nichts anders vermuthen. Merkwürdig iſt es dann auch nebenher, daß ſie, ſobald ſie aus dem Loche herauskamen, ſogleich ihre Füße zu gebrauchen und fort zu laufen wußten, da ſie doch ſo lange ohne alle Bewegung waren.

Die dritte Frage: Wovon mögen dieſe Thiere gelebt haben? würde, wenn man mit den beyden vorigen aufs Reine wäre, wohl die wenigſte Schwierigkeit haben. Man könnte antworten: Von der Feuchtigkeit des Holzes oder Steines, in dem ſie eingeſchloſſen waren. Denn die Steine, worin ſie gefunden wurden, waren ſolche, welche das Waſſer ſtark an ſich ſogen. Daß in den Felſen tief unter der Oberfläche der Erde Waſſer ſey, ſieht man in den Gruben der Bergwerke, und meiſtens mehr als man wünſcht. Im grünen Holze kann es ihnen auch nicht an Feuchtigkeit fehlen.

Ein franzöſiſcher Naturkundiger erklärt es ſo, daß die Kröten ſehr langſam verdauen, und daß ſie ihre Haut,

die sie zu gewissen Zeiten abwerfen, selbst wieder verzehr=
ten und ihr Leben dadurch erhielten.

Hier folgen noch ein Paar Geschichtchen, welche doch
meine junge Leser etwas mißtrauisch gegen die Kröten
machen werden, wenn sie auch Götze und Townson
für ganz unschädlich erklären wollen. Besonders werden
sie auf der Huth seyn, daß ihre Lieblingshunde keine
verschlucken.

Im Jahre 1794 fand ein Hund in einem Gemüsegar=
ten eine gemeine Landkröte mit Wärzchen auf dem Rücken
und mit rothen Augen. Er fiel über sie her, zermalmete
sie vor den Augen seines Herrn mit den Zähnen, und
verschluckte sie. Gleich bekam er ein Zucken und Klap=
pern der untern Kinnlade, und ein weißer Schaum floß
ihm aus dem Munde. Er wurde traurig, fraß und trank
nichts mehr, und am dritten Tage stelleten sich schon Zei=
chen der Hundswuth ein. Man legte ihn an Ketten, und
da er am vierten Tage noch deutlichere Zeichen der Wuth
an sich hatte, tödtete man ihn.

Das Jahr darauf fand ein anderer Hund nach einem
Regen auf der Wiese ebenfalls eine gemeine Landkröte.
Er griff sie an, zerfleischte sie mit den Zähnen, verschlang
sie aber nicht. Unmittelbar darauf bekam auch dieser Hund
jenes krampfartige Klappern an dem untern Kinnbacken;
ein weißer Geifer floß ihm gleichsam sprudelnd eine Vier=
telstunde lang aus dem Maule. Darauf brach er einen
weißen schäumenden Schleim, und zeigte sich ganz muth=
los und scheu. Durch einige angewandte Mittel wurde
indessen der völligen Wuth vorgebeugt. Vielleicht wäre
er ohnehin nicht ganz toll geworden, weil er die Kröte
nicht verschluckt, sondern nur zerrissen, und sich gleich
darauf heftig erbrochen hatte.

Diese Thatsachen verleiteten einen Naturforscher im Jahre 1809 zu Feldkirch im Vorarlbergischen den Versuch mit seinem Pudel zu machen. Er fraß die Kröte, aber nach vier Tagen hatte er alle Anzeigen der Wasserscheu, und mußte erschossen werden. Herr W* zu Totis ging mit seiner Dogge an einem Sommertage 1815 in sein gewöhnliches Kosthaus. Der Hund fand eine Landkröte, spielte einige Minuten mit derselben, und fraß sie stückweise auf. Noch am nämlichen Tage verlor er alle Munterkeit, und am dritten Tage wurde er von der Wuth befallen.

In Siebenbürgen hatte eine nicht sehr reinliche Hausfrau die geputzte Martins-Gans in den Keller unbedeckt gestellt. Eine Kröte hatte sich in den Bauch derselben verkrochen, und wurde mit der Gans gebraten. Die Hausmutter bemerkte dieses erst, als die Gans schon ausgebraten war, und sagte aus Furcht vor ihrem strengen Gatten Niemanden ein Wort davon. Jene, welche von der Gans genossen hatten, wurden mit allen Zeichen der Vergiftung krank, und nur mit Mühe gerettet.

Bemerkenswerth ist es, daß die Hunde nur die lebendigen Kröten speisen, nie eine todte; auch daß so leicht kein Jagdhund, noch weniger aber die Windhunde eine Kröte verzehren. Auch hat man Beyspiele, daß Hunde die sogenannte Feuerkröte (Bombina) ohne den geringsten Nachtheil auffraßen.

Siegellack.

Ludwig. Sagen Sie mir doch, lieber Vater, woher kommt es denn, daß das Siegellack, mit dem sie den Brief versiegeln, so helle brennt?

Vater. Weil guter Gummilack und reiner Terpentin dabey ist.

Ludwig. Gummilack, Terpentin? lieber Vater, dieses alles kenne ich nicht. Sie erklären mir so gern, was ich nicht verstehe. Sagen Sie mir, ich bitte, was Gummilack und Terpentin ist.

Vater. Gummilack oder Schell=Lack auch Gummi Laccae ist das Harz eines ostindischen Baumes. Du hast wohl auch schon in unserm Garten gesehen, daß die Kirschbäume, Aprikosen= und Zwetschkenbäume Harz ausschwitzen. Das Harz, welches jener ostindische Baum ausschwitzt, ist ganz braunroth und wenig durchsichtig, es hat keinen Geschmack, und brennt am Lichte. Man hat davon dreyerley Gattungen, feines oder ganz gereinigtes, mittleres oder halb gereinigtes, und schlechtes oder ganz unreines. Je nachdem das Siegellack feiner, mittlerer oder schlechter werden soll, nimmt man von diesen Gattungen Gummilack. Terpentin ist ein bleichgelbes, etwas durchsichtiges und hartes Harz. Der feinste kommt von dem afiatifchen Terpentinbaume; der nächft befte ift der venezianifche, den man aus den Tannen=Nadeln aus- kocht, und der gemeine ift jenes Harz, das die Fichten und Tannen ausfchwitzen.

Ludwig. Ich erinnere mich, daß wir vor einiger Zeit im Tannenwalde einen Mann angetroffen haben, der diefes Harz von den Bäumen fammelte. Es gibt ja aber auch Terpentinöl, mit dem die Mutter letzthin die Flecke aus meinem Mantel ausputzte, wie ich mit demfelben an die neu angeftrichene Thür fo anftreifte, daß die Oelfarbe allenthalben daran hängen blieb.

Vater. Diefes Harz, welches man an den Fichten und Tannen fammelt, wird in einem Gefäße, welches mit einem tief hohlen Deckel bedeckt ift, der fich in eine her- abgebogene Röhre endet, am Feuer gefchmolzen. Das Flüffige fteigt in Dünften in die Höhe, fetzt fich in den Deckel an, träufelt durch die Röhre heraus, wird in ei- nem Gefäße aufgefangen, und ift Terpentinöl. Was in diefem Gefäße, das man gewöhnlich Kolben nennt, zurück bleibt, wird, fo lang es noch flüffig ift, in hölzerne Gefchirre gegoffen, es erhärtet, wenn es kalt wird, und ift Colofonium oder Geigenharz, welches, wenn man es ftatt des Terpentins zum Siegellack fetzt, macht, daß diefes am Lichte fchwarz brennt.

Ludwig. Woher kommt denn aber die rothe Farbe des Siegellacks.

Vater. Man mifcht Zinnober oder Mennig un- ter das Harz und Gummilack. Zinnober wird in Ber- gen gegraben, und ift nichts anders, als eine Vermifchung des Schwefels und Queckfilbers, welche Vermifchung die Natur im Innern der Berge bewerkftelliget. Man kann

aber auch künstlichen Zinnober bereiten, deſſen rothe
Farbe noch ſchöner, als die des natürlichen iſt. Man
reibt und miſcht Schwefel und lebendiges Queckſilber mit-
einander, erhitzt die Maſſe beym Feuer ſo lange, bis ſie
in die Höhe ſteigt, und der Zinnober iſt fertig.

Ludwig. Nun begreife ich, warum Sie mir ſo oft
verbathen, den Pinſel, der in Zinnober getaucht war,
abzulecken, welches ich beym Illuminiren einigemale that.
— Was iſt denn aber Mennig?

Vater. Mennig iſt eine rothe Farbe, die aus Bley
bereitet wird, aber nicht ſo fein und koſtbar als Zinnober iſt. Nun werden wir bald alle Beſtandtheile des
Siegellacks haben. Kreide wird auch dazu genommen,
damit die übrigen Materialien nicht zu leicht brennen und
flüſſig werden.

Ludwig. Sagen Sie mir nun auch, wie Siegellack
bereitet wird.

Vater. Je nachdem man eine Art Siegellack ma-
chen will, wählt man die Materialien dazu fein oder ſchlecht.
Zum Beyſpiele: zum ſchlechten nimmt man Mennig ſtatt
Zinnober, ſchlechtes Gummilack, Colofonium und unreinen Terpentin. Zu den feinen Arten nimmt man ver-
hältnißmäßig eine größere Portion feiner Materialien. Zu
dem ſchönen feinen Siegellack nimmt man 16 Loth Schell-
Lack, 12 Loth venezianiſchen Terpentin, 8 Loth Zinnober, 4 Loth feine Kreide, und ½ Loth Storar, welches
ein wohlriechendes Harz iſt. Das Gummilack wird zu
Pulver geſtoßen, und zuerſt mit Terpentin ſo lange in
einem feuerfeſten Tiegel im Feuer gehalten, bis die Maſſe
keine Blaſen mehr gibt. Alsdann werden Farbe und Kreide,
welche letztere fein geſiebet ſeyn muß, dazu gethan, die

Maſſe wird fleiſſig umgerührt, daß ſich alle Theile gleich
und innig vermiſchen, und ſo lange im Feuer flüſſig erhalten, bis ſie ſo dick iſt, daß ſie ſich in Faden ziehen
läßt. Dann wird mit einem eiſernen Löffel ſo viel Maſſe
heraus genommen, als man zu einer Stange braucht, und
auf eine Kupfer= oder Marmorplatte gelegt, die in einem
Tiſche eingeſetzt iſt, und durch ein darunter ſtehendes Becken
mit Kohlen gelind erwärmet wird. Hier läßt man ſie ſo
abkühlen, daß man ſich die Finger nicht verbrennt. Man
nimmt dann den Glätter, das iſt, ein Bret aus hartem
Holze, welches oben einen Handgriff und unten eine Stahl-
platte hat, und wälzt mit demſelben das Siegellack auf
der Platte ſo lange hin und her, bis die Stange durchaus gleich iſt, und die Länge des Glätters hat. Andere
haben auch Formen aus Gyps, die ſechs und mehrere
Oeffnungen haben, die ſo groß und ſo tief als eine Lack-
ſtange ſind: in dieſe gießen ſie die noch flüſſige Maſſe,
und laſſen ſie darin erkalten. Durch das Walzen wird
die Farbe matt. Deßwegen hält man die Stangen über
ein gelindes Kohlenfeuer, bis ihre Oberfläche ſchwitzt, wodurch ſie glänzend wird. Dann werden der Name des
Verfertigers, gewiſſe Zeichen und Wappen mit einem heißen eiſernen Stämpel darauf gedruckt.

Ludwig. Nun verſtehe ich alles wohl. Aber wie
kann man das gute Siegellack von dem ſchlechten unter-
ſcheiden? Es könnte ſich wohl treffen, daß ich einſt eines
kaufen müßte.

Vater. Am ſicherſten iſt es, wenn man das Siegellack gleich beym Lichte probirt. Es muß nach dem
Siegeln eine lebhafte glänzende Farbe haben, beym Siegeln keinen widrigen Geruch geben, hell brennen, leicht

flüssig werden, und sich fest mit dem Papiere verbin=
den.

Ludwig. Ich habe aber auch schon Siegellack ge=
sehen, welches beym Siegeln besonders gut riecht.

Vater. Zu diesem sind viel Storar, Bernstein, Mos=
kus und andere derley Wohlgerüche zugesetzt; sie sind aber
kein nöthiger Bestandtheil.

Ludwig. Sie haben den letzten Brief mit der Nach=
richt von dem Tode ihres Freundes schwarz versiegelt er=
halten, wie wird dieses Siegellack bereitet?

Vater. Man nimmt statt der rothen Farbe Kienruß
oder Frankfurterschwärze zu den übrigen Bestandtheilen.
Bey diesem Siegellack darf viel Colofonium seyn. Man
macht auch noch grünes Siegellack, wozu Grünspan,
nebst etwas wenigem gelben Wachs und Bernstein, oder
Gummigut, goldbraunes, wo Goldschaum, blaues,
wo Ultramarin und dergleichen statt der rothen Farbe zu=
gesetzt ist.

Ludwig. Ist es wohl schon lange, daß man das
Siegellack zu verfertigen erfunden hat? Warum nennt
man es auch spanisches Wachs?

Vater. Man glaubt, daß unser jetziges Siegellack
um das Jahr 1550 erfunden worden ist. Man nannte
es damals schon spanisches Wachs, vielleicht seiner Neu=
heit wegen, denn alles, was Jemanden fremd oder sel=
ten vorkam, nannte man damals wo Spanien eines der
mächtigsten Reiche war, und viele neue Entdeckungen in
Amerika gemacht hatte, spanisch, oder man wollte dieses
neue Produkt mehr empfehlen, wenn man es für aus=
ländisch ausgab, oder der Gebrauch desselben wurde in

den spanischen Niederlanden zuerst eingeführt. Vor Erfindung des Siegellacks siegelte man auf verschiedene Art.
Die Morgenländer färbten ihren Siegelring mit einer
schwarzen Farbe, und drückten ihn auf Briefe und Urkunden. Dieses thun auch jetzt noch viele, um die Aus-
gaben für Siegellack zu ersparen. Man bediente sich später, besonders um Briefe zu versiegeln, einer Art Thon,
die man Siegelerde nannte, in der Folge aber siegelte
man mit Wachs, welches verschieden gefärbt wurde, mit
geschmolzenen Metallen, mit Kleister, mit Oblaten, und
endlich erst mit Siegellack. Die Siegel von Wachs waren bey Urkunden meistens in Kapseln eingedrückt, um
sie vor Beschädigungen zu sichern.

Der Geburtstag.

———

Moritz, der Sohn eines Land=Edelmannes, war ein
munterer und lebhafter Knabe, aber er war auch fleißig,
gutgesittet und besonders mitleidig gegen Arme. Mehr
als die Hälfte seines Taschengeldes theilte er unter die
Nothleidenden, wußte immer den Dürftigsten zu wählen,
und gab am liebsten, wenn er von Niemanden bemerkt
wurde. Es kam sein eilfter Geburtstag. Da gab es Glück=
wünsche von allen Seiten und Angebinde in der Menge,
worunter von seinen Aeltern und Großältern ansehnliche
Geschenke an Geld waren; denn diese wußten, daß er im=
mer einen guten Gebrauch davon machen würde.

Moritz war froh und vergnügt. Ha! dachte er, mein
Lehrer sagte mir erst gestern: nur der feyert seinen Ge=
burtstag recht, der an demselben anfängt, weiser und bes=
ser zu werden. Alles bereitet mir heute Vergnügen und
Freuden, auch ich will andere fröhlich machen. Wäre
nur Georg, der Sohn unsers Gärtnergesellen, mein
Spielgesellschafter bey mir, wie gern wollte ich mein Ver=
gnügen mit ihm theilen. Aber er liegt krank zu Hause.
Er und sein Vater sind elend: ein gefährliches hitziges
Fieber hält sie schon acht Tage im Bette. Werden sie

ſich wohl pflegen können? Der Vater kann nichts ver=
dienen, weil er krank iſt, und die Mutter wird wohl auch
um das Taglohn nicht arbeiten können, weil ſie die Ih=
rigen pflegen muß. Niemand iſt der Hülfe würdiger, als
dieſe guten, braven Leute. — Eilig ging er in ſein Stu=
dierſtübchen, nahm eine Banknote von fünf Gulden, ſchloß
ſie in ein Billet, verſiegelte dieſes, übergab es einer al=
ten Kindeswärterin, die er, weil ſie ihn erzogen hatte,
ſehr liebte, und oft zu ſolchen wohlthätigen Sendungen
brauchte; er geboth ihr ſtrenges Stillſchweigen, und ſchickte
die Gabe dem kranken Gärtnergeſellen. In dem Billette
verſprach er ihm, daß er ſeiner noch ferners gedenken
wolle. Dankbar hoben die Kranken, als ſie die wohlthä=
tige Gabe erhielten, ihre matten Hände gegen Himmel,
und bathen um Glück und Segen für den braven jungen
Herrn. Thränen benetzten ihre blaſſen Wangen, und mit
gerührten Herzen ließen ſie ihm tauſend Dank ſagen.

Moritz war damit noch nicht zufrieden. Er ging zu
ſeiner Mutter, und bath ſie, ihm nur eine Bitte am Ge=
burtstage gewiß zu gewähren. Die Mutter verſprach es
ihm, weil ſie meinte, daß er nichts Unvernünftiges oder
Schädliches begehren könnte. Da bath er ſie, den Arzt
des Dorfes zu den zwey Kranken zu ſchicken, die Arzney
für ſie zu bezahlen, und die nöthigen Speiſen, die ihnen
dieſer etwa erlauben würde, zu reichen. Sorgfältig aber
verſchwieg er die Gabe, die er ihnen ſchon geſchickt hatte.
Die Mutter war über dieſe Bitte erfreuet, und da ſie ihm
dieſelbe nie abgeſchlagen hätte, ſo gewährte ſie ſie ihm am
Geburtstage um deſto lieber. Moritz erkundigte ſich
täglich um die Kranken; er war ſehr beſorgt, daß ihnen
Suppe und andere Speiſen, die der Arzt erlaubt hatte,

zur rechten Zeit geſchickt wurden, und unterließ nicht, ihnen wöchentlich eine Gabe von ſeinem Spargelde durch
die alte Wärterin zu reichen. Moritz erfuhr mit Vergnügen, daß ſich die Krankheit beſſerte. Die Kranken ge-
naſen allmählig, und nach drey Wochen konnten ſie ſchon
das Zimmer verlaſſen.

Es war an einem Sonntage. Moritz war recht munter und vergnügt. Er ſpazierte eben mit ſeiner Flinte im
Zimmer auf und ab, und ſeine gute Mutter ſpielte ihm
den Marſch auf dem Pianoforte dazu, als der Gärtner-
geſelle mit ſeinem Sohne in das Zimmer trat. „Guter
junger Herr!“ ſagte da der Kleine, daß wir noch dieſes
Zimmer betreten können, haben wir nächſt Gott Ihnen zu
danken. Unſer erſter Gang war in die Kirche, um Gott
für unſere Geneſung zu danken, den zweyten Dank müſſen
wir Ihnen abſtatten. „Wir wiſſen alles“, fuhr der Vater weiter fort, „Sie gaben Ihrer Mutter zuerſt von unſerer Krankheit Nachricht, und Sie, gnädige Frau, obwohl ſie Nothleidende immer gern unterſtützen, haben es
gewiß noch viel lieber auf die Bitte Ihres guten Sohnes
gethan. Tauſend Dank Ihnen und dem guten Kinde.
Aber das wiſſen Sie vielleicht nicht, gnädige Frau — —
mir liegt es auf dem Herzen, ich ſollte zwar nicht — aber
ich muß es ſagen — — Ihr lieber, guter Sohn hat ſein
Angebinde am Geburtstage mit uns Armen getheilt, und
jeden Sonnabend eine reichliche Gabe uns zugeſchickt.
Gott ſegne ihn dafür; Sie gnädige Frau hat Gott ſchon
geſegnet, da er ihnen einen ſo guten Sohn gab.“

Moritz, der ſchon vorher dem Gärtnergeſellen durch
Zeichen Stillſchweigen befohlen hatte, erröthete, wie das
Geheimniß entdeckt wurde. Die Mutter aber ſchloß den

guten Sohn in ihre Arme, drückte ihn gerührt an das
Mutterherz, und sagte: „Gutes Kind, fahre so fort, Mit-
leiden mit dem Elende Anderer zu haben, und es zu lin-
dern, wo du kannst, so wird Gottes Segen mit dir seyn.‟
Der Sohn versprach es. Der Gärtnergeselle und sein
Sohn gingen frohen Muthes nach Hause, und wenn sie
je ihrer Herrschaft zugethan waren, so dienten sie ihr jetzt
mit desto innigerer Liebe und allem Fleiße.

Moritz wuchs mit menschenfreundlichen Gesinnungen
und guten Handlungen zum edlen Manne heran. Er
konnte dabey immer froh seyn, er wurde von Allen ge-
liebt und geachtet. Als er in den Besitz des väterlichen
Erbgutes kam, spendete er Wohlthaten auf allen Seiten,
und suchte die Dürftigen auf, um ihnen Hülfe zu reichen. Man nannte ihn den Vater der Armen, und
nur dann legte er sich vergnügt zu Bette, wenn er an
dem Tage eine wohlthätige Handlung verrichtet hatte.
Er lebte bis ins Greisenalter, und sein Grab wurde von
den Thränen der Armen benetzt. Noch jetzt wird sein
Name mit Achtung genannt; und die Aeltern erzählen
mit Rührung ihren Kindern, wie sie durch seine Wohlthaten unterstützt, wie sie menschenfreundlich in ihren
Drangsalen von ihm getröstet worden sind.

Aegypten.

Da meine jungen Leser Aegypten aus der biblischen
und profanen Geschichte kennen, und dasselbe auch bey
den neuesten Zeitereignissen insbesondere bey dem kräfti=
gen Widerstande, den der Vicekönig Mehmed Ali sei=
nem Oberherrn, dem türkischen Kaiser geleistet hatte, oft
nennen hören, so wird es ihnen nicht unangenehm seyn,
hier zu finden, wie Aegypten jetzt beyläufig beschaffen
seyn mag. Aegypten liegt an der nordöstlichen Ecke
der ungeheueren Halbinsel vom heissen Afrika. Es hat
eigentlich nur zwey Jahrszeiten, Sommer und Frühling.
Der Sommer fängt mit Ende März an, und dauert bis
in den November: Frühling ist dann, wenn bey uns
Winter ist. Im Sommer ist der Himmel heiter, die Luft
trocken, und unausstehlich heiß. Im April werden die
Feldfrüchte schon geerntet. Gleich nach der Ernte ster=
ben alle Pflanzen, Gräser und Gewächse von der großen
Hitze ab, der Boden ist wie versengt. Nur an den Ufern
des Nilstromes sieht man noch einige Melonen, Gurken.
Das Land scheint öde zu seyn. Die meisten Vögel flüch=
ten sich nach den nördlichen Gegenden, und die Landthiere
werden matt und traurig, stürzen sich in den Strom, um

sich noch einige Kühlung zu verschaffen. Dieser Zustand
bleibt bis zur Ueberschwemmungszeit.

Der Nil, dieser für die Aegypter so wohlthätige Fluß
fängt im Anfange des Julius an, aus dem Ufer zu tre=
ten. Er verbreitet sich durch viele Kanäle allenthalben
im Lande, ergießt sich immer weiter, und überschwemmt
nach und nach das ganze Mittel=Aegypten oder sogenannte
Nil=Thal. Die Ueberschwemmung dauert bis in den Ok=
tober, oder bis zu Anfange Novembers. Alle Einwoh=
ner sehen derselben mit Sehnsucht entgegen. Je höher
das Wasser steiget, desto weiter breitet es sich aus, be=
fruchtet den Boden, und macht Hoffnung zu einer geseg=
neten Ernte für das künftige Jahr. Selten steigt das
Wasser zu hoch, wo es nachtheilig ist, weil alsdann die
Felder zu lange Zeit unter dem Wasser stehen, und die
Bearbeitung derselben verhindert oder verspätet wird.
Die Einwohner begeben sich auf die erhabneren Plätze,
und warten ruhig das Fallen des Wassers ab.

Zur Ueberschwemmungszeit wird die Luft durch die
Ausdünstungen des überall ausgebreiteten Wassers abge=
kühlet. Aegypten gleicht dann einem großen See, aus
welchem die auf Hügeln gebauten Städte, Flecken und
Dörfer in schöner Abwechselung hervorragen. Hochge=
baute Landstraßen verbinden sie mit einander, daß man
zu Lande von einem Orte in den andern kommen kann.
Kleine Wälder von grünen Palmen, Akazien und andern
Bäumen strecken hin und wieder ihre Wipfel aus dem
Wasser hervor, und verschönern den Anblick; unzählige
Boote und Fahrzeuge schwimmen auf dem unübersehba=
ren See. Damals kann man zu Schiffe in kurzer Zeit
von der entferntesten Gegend zur andern kommen. Der

6 *

Anblick dieses Landes von einem erhabenen Orte ist zu dieser Zeit herrlich und einzig in seiner Art.

Der Frühling ist nicht so heiß: am Abende und Morgen sehr angenehm. Zu Mittag wird es zwar heiß; aber die noch feuchte Erde und erfrischende Winde kühlen die Luft ab. Da wird auf dem Felde fleißig gearbeitet; jetzt blühet und grünet alles. Gleich nach dem Abflusse des Wassers werden die Felder bearbeitet, die Früchte gesäet, alle Gewächse sprossen hervor, und das ganze Land gleicht einer einzigen blühenden Wiese, die mit Kanälen durchschnitten ist. Im Dezember und Jänner verlieren die Bäume ihr Laub, und die neuen Blätter brechen eher hervor, als die alten abgefallen sind.

Man sagt gewöhnlich, daß es in Aegypten nicht regnet. Dieses gilt aber nur von den höheren südlichen Gegenden: in dem Theile, der nahe an dem Meere liegt, regnet es manchmal häufig und stark. Auch heftige Gewitter ohne Regen sind häufig. Den Mangel des Regens ersetzt die jährliche Ueberschwemmung des Nils und ein starker Thau, der hier im Sommer stärker als im Winter fällt. Ueberhaupt ist der Nil eine wahre Wohlthat für Aegypten.

Nebst der wohlthätigen Ueberschwemmung ist die Schifffahrt auf dem Nil leicht und bequem. Sein Wasser ist das einzige Getränk der Aegypter, und so wohlschmeckend, daß sie in der Fremde nichts mehr vermissen, als ihr Wasser aus dem Nil. Alle andern Brunnen und Quellen enthalten bitteres und salziges Wasser, das kaum zum Wässern der Felder und zum Tränken des Viehes brauchbar ist. Deßwegen wird auch das Nil=Wasser allenthalben durch Kanäle hingeleitet.

Die Winde wehen häufig, und kühlen die Luft etwas

ab, und sind dadurch sehr nützlich. Aber ein Südwind, den die Eingebornen Chamsim nennen, ist sehr gefähr=lich. Er kommt gewöhnlich stoßweise; zum Glücke hält er nicht lange an, manchmal dauert er nur eine, zuweilen einige Stunden, selten über drey Tage. Wenn er zu wehen anfängt, trübt sich der Himmel, die Sonne scheint von dem heissen brennenden Sande, den er in den Wüsten des innern Afrika aufhebt, und mit sich fortführt, blut=roth. Dieser Sand ist so fein, daß er auch in verschlossene Gemächer und Kästen dringt. Mit dem Winde kömmt zu=gleich die unerträglichste Hitze, die den ganzen Körper durchbringt, und kaum Athem hohlen läßt. Man kann sich an nichts abkühlen, weil alle Dinge, die sonst ihrer Natur nach kalt sind, wie Eisen, Marmor, Wasser u. dgl. schnell erhitzt werden.

Während des Windes wagt sich Niemand ins Freye; jeder verschließt sich in die abgelegensten Zimmer. Der Reisende, den dieser Wind in der Wüste überfällt, ist verloren — in einer kurzen Zeit erstickt er.

Im Allgemeinen ist die Luft in Aegypten gesund. Wenn auch manchmal die Pest in diesem Lande gewüthet hat, so ist sie gewiß von den Schiffen, die von Konstantino=pel oder Smyrna kamen, durch Kleidungsstücke und Waaren dorthin verbreitet worden; aber die Augenkrank=heiten sind in Aegypten sehr gewöhnlich, woran die starke Hitze, der feine Staub, und die Gewohnheit, daß sie un=ter freyem Himmel schlafen, und sich stark bethauen las=sen, Ursache seyn mag.

Der Boden ist sehr fruchtbar; wegen der Ueberschwem=mung des Nils, welcher fetten Schlamm auf die Felder bringt, ist kein Düngen nöthig. Vom schädlichen Wetter, Hagel und Schloßen hat der Landmann nichts zu fürch=

ten. Der Ackerbau erfordert auch geringe Mühe. Alle
Getreidearten, Reiß und Spelt oder ägyptisches Korn
werden häufig gebauet. Saflor, ein Färbekraut, Safran,
Zuckerrohr und der Lotusbaum, dessen Wurzeln knollig
sind, und wie Kartoffeln schmecken, werden häufig ge=
pflanzt. Hier findet man die Dattelpalme, die Papier=
staude, ein Schilfgewächs des Nils, aus dessen Mark
schon in ältesten Zeiten Papier verfertigt wurde; hier
wachsen Sennesblätter, Cassia, Aloe, Jelappe, Coloquin=
ten, die Baumwollenstaude, Dattelbäume, und der wahre
Akazienbaum, der das arabische Gummi ausschwitzt. Auch
der Johannisbrodbaum wird hier gepflanzt. Mit Wein=
hecken werden Gärten und Felder umzäumt. Die Trau=
ben werden gegessen, aber nicht zu Wein gekeltert. Desto
häufiger säet man den Opium=Mohn. Wenn dessen Kö=
pfe noch nicht ganz reif sind, wird in dieselben ein Ein=
schnitt gemacht, aus welchem ein Saft kömmt, der durch
die Luft verdickt wird, und Opium heißt, welches be=
rauscht, und den Schlaf befördert. Wenn man mehr da=
von nimmt, bringt es eine Art von Wuth hervor. Es
sieht schwärzlich aus, hat einen üblen Geruch und bei=
ßenden Geschmack. Auch die Gesträuche, von denen man
Manna sammelt, das in der Apotheke so häufig gebraucht
wird, stehen in vielen Gegenden. Rosen werden in Ae=
gypten allgemein gepflanzt, daher bereitet man hier viel
Rosenwasser. Die Gartenblumen riechen hier stärker als
die unsrigen. Doch hat Aegypten Mangel an Brenn= und
Bauholz. Der gemeine Mann muß Stroh, Stauden,
Schilf und Mist brennen, der Reiche läßt sich Holz aus
fernen Gegenden kommen.

Die Aegypter halten viele Hausthiere: schöne und schnelle
Pferde, Rindvieh, Büffel, Esel, Maulthiere zum Rei=

ten und Lasttragen, Kameele, Schaafe mit Fettschwänzen,
Ziegen, auch Hunde und Katzen. Jene sogenannten tür=
kischen Hunde, die kein Haar auf der Haut haben, leiden
sie nicht in ihren Häusern, sondern viele derselben laufen
in der Stadt und auf dem Lande ohne Herren herum.
Hühner und Tauben werden in der Menge gezogen. Je=
der, der verheirathet ist, und eine eigene Haushaltung
hat, muß ein Taubenhaus halten, daher gibt es eine
große Menge derselben in allen Gegenden. Im Winter,
wo die Hühner nicht brüten, werden die Eyer derselben
künstlich ausgebrütet. Man hat Brutöfen, welche von
unten so geheizt werden, daß sie eben so viel Wärme
halten, als die Henne hat, wenn sie über den Eyern
sitzt. In diese Oefen werden die Eyer auf Stroh gelegt,
die Wärme wird immer gleich erhalten, und nach 21 Ta=
gen brechen aus den Schaalen die kleinen Hühner heraus.

Die Bienenzucht wird eifrig betrieben, und hat dieses
Besondere: wenn die Bäume und Felder neuerdings grün
werden, so bringen die Aegypter ihre Bienenstöcke auf
Schiffe; jeder Hausvater bezeichnet die seinigen mit einem
gewissen Zeichen, um sie zu kennen. Ist das Schiff hin=
länglich beladen, so fährt der Schiffer ab, und hält an
einem Orte an, wo er glaubt, daß die Bienen viel Ho=
nig finden werden. Diese schwärmen den ganzen Tag
herum, und kommen sicher des Abends mit Honig schwer
beladen zurück. Nach einigen Tagen, wenn er glaubt,
daß sie nicht mehr viel Honig hier finden werden, fährt
er mit dem Schiffe weiter, und dieses macht er einige
Monate fort, wo er dann, wenn die Bienenstöcke voll
Honig sind, nach Hause zurückkehrt.

Aegypten hat auch viele schädliche Thiere. In den
wüsten Gegenden gibt es Löwen, Panther, Hyänen,

Schakale, Wölfe; in andern Gegenden findet man Affen, Füchse. Nützlich sind wieder die Hasen, Fischottern, die Steinböcke, Gemsen und Gazellen; die Straußen wegen der Federn, und die Raubvögel dadurch, daß sie nach der Ueberschwemmung die Aeser wegfressen, so wie die Kraniche, Ibise und Störche, die das Land von Fröschen, Eydechsen, Schlangen und anderm Ungeziefer reinigen.

Zwey Thiere sind dem Nile fast eigen, das Nilpferd und das Krokodill. Das Nilpferd ist nach dem Elephanten fast das größte Landthier. Es wiegt 4000 Pfund; es hat ein großes Maul mit acht langen Zähnen. Es ist sehr gefräßig, nährt sich von Baum = und Feldfrüchten, liegt am Tage im Sumpfe oder Schilfe, und geht nur des Nachts seiner Nahrung nach. Da es den Getreidefeldern großen Schaden thut, so sucht man es zu fangen, oder zu erlegen, oder doch wenigstens durch Feuer zu verjagen, wovor es sich fürchtet. Man streuet ihm daher Bohnen oder Wicken hin, die es begierig frißt, und die in ihm einen heftigen Durst erregen. Um ihn zu löschen, säuft es übermäßig, wovon die trocknen Bohnen und Wicken im Magen so aufschwellen, daß das Thier daran sterben muß.

Den Menschen greift es nie an, außer wenn es selbst von ihm angegriffen wird, aber mit den Krokodillen lebt es in einem ewigen Kriege. Aus seinem Specke, der gewöhnlich 1000 Pfund wiegt, siedet man Thran; die Zähne werden wie Elfenbein verarbeitet, und noch höher als dieses geschätzt; aus der Haut derselben macht man Reitruthen und Spazierstöcke.

Gefährlicher für den Menschen ist das Krokodill, das sich im Nil und in allen großen Gewässern von

Afrika aufhält. Es ist der Eydechse an Gestalt ähnlich,
20 Fuß lang, im Rachen mit starken spitzigen Zähnen
und an den Füßen mit starken Klauen bewaffnet. Es
sieht vor und hinter sich. Seine größte Stärke liegt im
Schwanze, mit dem es Menschen und Thiere zu Boden
schlägt, und kleine Schiffe umstürzet. Es kann sehr schnell
laufen, zum Glücke aber außer dem Wasser sich nicht
drehen und wenden. Es hält sich immer nahe am Wasser auf. Es springt auf Menschen und Thiere gierig los,
schlägt sie mit dem Schwanze nieder, und verschlingt sie.
Zuweilen stellt es sich todt, indem es auf dem Rücken
fortschwimmt oder am Ufer liegt; läßt sich aber ein Mensch
oder ein Thier dadurch täuschen, so sind sie verloren.

Aegypten hat über 3½ Millionen Einwohner. Die
Aegypter leben, im Ganzen genommen, sehr mäßig.
Die gemeine Menschenklasse begnügt sich mit schlechtem
unschmackhaften Brode von indianischer Hirse mit Wasser
und rohen Zwiebeln. Die Vornehmern lieben eine Speise,
die aus gekochtem Reiß, welcher stark mit Safran ge-
würzt, und mit Geflügel besetzt ist, und Pillau heißt,
doch auch Ragouts, Haschee, Karbonaden, Tauben und
anderes Geflügel, Melonen, gefüllte Gurken, Obst und
Backwerk essen sie gern. Zur Nacht essen sie nur Geflügel, Gemüse und Früchte.

Alles Essen wird in kupfernen, verzinnten Geschirren
aufgetragen. Die Tischgesellschaft sitzt auf Teppichen um
den Tisch herum. Servietten sind nicht gebräuchlich, rings
um den Tisch herum geht ein langes Tuch, von dem jeder Gast einen Theil nimmt. Die gemeineren Leute essen auf irdenen Geschirren. Messer und Gabel sind nicht
üblich; die Speisen werden schon klein zerschnitten auf

den Tisch gegeben, und mit den Fingern zum Munde
gebracht.

Das gewöhnliche Getränk ist Nilwasser. Das gemeine
Volk trinkt eine Art Bier, welches aus Wasser mit ein=
gerührtem Gerstenmehle bereitet wird. Kaffee wird sehr
stark getrunken, man nimmt aber weder Milch noch Zucker
dazu. Auch Orangenblüthen= oder Zimmtwasser wird hier
und da getrunken.

Die übrige Lebensart der Aegypter ist sehr einför=
mig. Sie stehen gemeiniglich früh auf, besuchen, da die
meisten Mahomedaner sind, die Moscheen (ihre Kirchen),
darauf die Kaffeehäuser, gehen spät zu ihren Geschäften,
endigen diese so früh als möglich, und bringen die übrige
Zeit mit Nichtsthun, mit Besuchen oder in den Kaffee=
häusern zu. Deßwegen lagen auch alle Gewerbe darnie=
der; wäre die Erde nicht von selbst so fruchtbar, so würde
Aegypten, welches im Alterthume oft die Kornkammer
genannt wurde, kaum den nöthigen Unterhalt liefern.
Jetzt unter Mehmeds Ali Regierung sind Ackerbau,
Gewerbe und Handel in Aufnahme, und selbst viele be=
triebsame Europäer haben sich in Aegypten niedergelas=
sen. Auch die Wissenschaften werden jetzt mehr als vor=
mals betrieben. Ehemals lernte höchstens der Sohn eines
Vornehmen lesen und schreiben, und wenn es hoch kam,
den Koran, (ihr Religionsbuch) verstehen. Wächst er
weiter heran, so wurde ihm im Reiten Unterricht gegeben,
und er lernte seine Waffen mit Geschicklichkeit führen.
Jetzt werden die Söhne der Großen selbst ins Ausland
geschickt, um sich in den Wissenschaften auszubilden. Selbst
die Arzneywissenschaft wurde schlecht getrieben. Die Aerzte
verschrieben meistens den Kranken, was ihnen am mei=
sten schmeckte.

Auf Kleidung halten die vornehmen Aegypter viel.
Unter dem Hemde tragen sie große Beinkleider und lei=
nene oder feinlederne Pantoffel. Darüber werden sehr
weite und lange gewöhnlich rothe Beinkleider angezogen.
Nun kommt eine Art von Schlafrock von leichtem ostin=
dischen oder spanischen Zeuge, darauf der Kaftan, ein
Gewand von der nämlichen Gestalt, nur etwas weiter,
und gewöhnlich von reicherem Stoffe. Es wird mit einem
breiten kostbaren Gürtel um den Leib festgebunden, in
dem ein langes großes Messer in einer metallenen Scheide
steckt. Ueber den Kaftan wird wieder ein noch weiteres
Kleid getragen, welches im Winter mit Pelz gefüttert ist,
und über dieses kommt erst ein langer weiter Mantel vom
baumwollenen Zeuge, welches das eigentliche Staatskleid
ist. Der Kopfputz ist eine Mütze von Filz oder Tuch,
welche auf sehr verschiedene Art mit Leinwand oder Wol=
lenzeug umwunden ist.

Die weibliche Kleidung ist fast wie jene der Männer,
nur daß sie gewöhnlich von feinerem Stoffe ist. Wenn
Frauenzimmer ausgehen, haben sie meistens einen Man=
tel von Leinwand, über welchen ein noch größerer schwar=
zer Schleyer bis zur Erde herabhängt. Ihr Kopfputz be=
steht in einem kostbaren ostindischen Tuche, das sie um
den Kopf winden, und mit Edelgesteinen oder mit einer
doppelten Perlenschnur schmücken. Macht eine vornehme
Aegypterin Besuche, so nimmt sie mehrere Sklavinnen
mit, die ihr ein großes Gepäcke von Kleidern nachtragen.
Nach dem Eintritte bey ihrer Freundin wird ihr der
Mantel mit dem Schleyer abgenommen. Hat sie sich ein
halbes Stündchen mit ihrer Freundin unterhalten, so
lassen sich beyde umkleiden. Dieses Umkleiden wird wohl
sechs= bis achtmal wiederholt, wenn der Besuch lange

dauert, und jedesmal sucht eine die Andere am Putze zu übertreffen. An den Fingern tragen sie Ringe mit Edelsteinen, ihr Haar salben sie mit kostbaren Oelen, das Gesicht waschen sie mit Rosenwasser, ihre Kleider räuchern sie mit duftendem Aloeholze, die Augenbraunen färben sie schwarz, und die Nägel an Händen und Füßen aber Aurora = gelb.

Die Kleidung des gemeinen Mannes ist arm und schlecht. Sie besteht in einem Hemde von grober blauer Leinwand, und in einem groben schwarzen Mantel; die wenigsten tragen Beinkleider. Den Kopf bedecken sie mit einer steifen Mütze von Filz oder dickem Tuche, welches mit einem Stücke von rothem, wollenen Zeuge umwunden ist. Die Weiber tragen lange leinene Beinkleider und ein weites blaues Hemd mit langen breiten Aermeln. Um den Kopf winden sie ein schlechtes Tuch; in den geflochtenen Haaren tragen sie kleine Schellen und andere Zierrathen; in den Ohren, auch in der Nase haben sie große bleyerne Ringe, auch an Füßen und Händen bringen sie solche Ringe an, und an vielen Theilen des Leibes machen sie sich schwarze und blaue Zierrathen in die Haut.

Die Wohnungen auch der Vornehmen sind von Außen sehr unansehnlich. Im Inneren sind sie zierlicher. Das Hauptgemach ist ein großer luftiger Saal, der zugleich als Wohn =, Speise =, Schlaf = und Besuchzimmer dient. Europäische Möbeln trifft man in denselben zwar nicht an, doch fehlt es auch nicht an Verzierungen. An allen Wänden läuft eine kleine bankähnliche Erhöhung umher, die meistens mit sehr kostbaren Teppichen bedeckt ist; den Fußboden schmücken schön gearbeitete Matten, die Wände sind oft mit dem schönsten Marmor belegt, und die Decke zierlich bemalt. Das Sopha ist bequem und reich verziert.

Die Frauen haben in dem Hause eine abgesonderte Woh=
nung, und mit ihren Sklavinnen eine eigene Haushaltung,
einen eigenen Saal, eine Küche, und die übrigen Gemä=
cher, die sie sonst nöthig haben.

Die Dächer der Häuser sind durchgängig platt, und zum
Theil mit schönen Geländern umgeben, daß man in Si=
cherheit darauf spazieren gehen kann. Dort genießen die
Aegypter die Abendkühle. Manchmal sind sie mit Blu=
men und kleinen duftenden Bäumen geziert; manchmal
sind auch kleine Zelte darauf ausgespannt, unter welchen
sie öfters schlafen. Neben den Häusern sind oft Gärten
angelegt.

Die Wohnungen der Gemeinen sind größtentheils nie=
drige, ungesunde, schmuzige Hütten von Lehm oder Erde.
Einige leben auch unter Zelten.

Die Aegypter sind von Natur gutmüthig und munter,
doch ohne Bildung und Unterricht, dabey sind sie träge,
abergläubisch, und ergreifen jede Gelegenheit, sich frem=
des Eigenthum zu verschaffen. Daher kommen die häufi=
gen Räubereyen in den einsamen Gegenden Aegyptens.
Sie bestehlen selbst die Schiffe, die dort vor Anker liegen.
und dieses machen sie auf eine eigene Art. Sie ziehen
sich nackend aus, beschmieren den Körper mit Oel, und
schwimmen zum Schiffe. Des Nachts steigen sie hinein,
zerschneiden die Stricke, woran die Ballen mit Waaren
an einander befestiget sind, werfen sie ins Wasser, stür=
zen sich dann selbst hinein, um sie in Sicherheit zu brin=
gen. Eine Zeitlang schwimmen sie mit ihrer Beute ganz
unter dem Wasser, und kommen nicht eher mit dem Kopfe
wieder zum Vorschein, bis sie sicher sind.

Die Aegypter wissen die Thiere sehr geschickt abzu=
richten. So lehren sie die Ziegen, daß sie die Affen auf

sich reiten lassen, und mit den Füßen wie Pferde stam=
pfen; die Esel werden abgerichtet, auf den Hinterfüßen
zu stehen; die Kameele und Hunde lernen tanzen u. s. w.
Besonders besitzen die Aegypter die Fertigkeit, mit Schlan=
gen, selbst mit giftigen ohne Schaden zu spielen. Sie tra=
gen diese Thiere im Busen, lassen sie auf den Leib sprin=
gen, und gewisse Gauckler unter ihnen essen diese Thiere
zuweilen roh. Diese Leute erscheinen bey öffentlichen Auf=
zügen mit ungeheuren Schlangen in den Händen, welche
sie um ihren Leib winden, und die sie oft mit den Zäh=
nen zerreißen.

Die vorzüglichsten Städte in Aegypten sind: Ale=
xandria. Diese Stadt wurde schon dreyhundert ein und
dreyßig Jahre vor Christi Geburt von Alexander dem
Großen erbauet. Cairo, eine Stadt mit mehr als zwey=
mal hunderttausend Einwohnern.

Etwas vom Schwerpuncte.
Kleine Kunststücke.

Wenn man ein Lineal beyläufig in der Mitte quer auf den Finger legt, und so lange hin und her schiebt, bis sich weder das eine noch das andere Ende desselben herabsenkt, so sagt man, das Lineal ist im Gleichgewichte. Der Punct, auf welchem es liegt, heißt der Schwerpunct. Will ich den Schwerpunct eines Löffels finden, so lege ich ihn quer auf die Schneide eines Messers, und schiebe ihn so lange hin und her, bis er sich auf keine Seite neigt, und also im Gleichgewichte steht. Der Punct, welcher denselben unterstützt, heißt der Schwerpunct. Wiegt man eine Sache, z. B. Zucker, so legt man in die eine Wagschale den Zucker, in die andere so viel Gewicht, als der Zucker Schwere hat; dadurch kommt der Querbalken, an dem die Wagschalen befestiget sind, ins Gleichgewicht; das Zünglein, welches zwischen dem Kloben ist, steht senkrecht in demselben in die Höhe, und der Punkt unter demselben in der Mitte des Querbalkens ist der Schwerpunkt. Will man den Schwerpunkt an einem runden hölzernen Teller finden, so lege man dasselbe horizontal auf die Spitze eines Messers, und schiebe ihn so lange hin und her, bis er auf derselben ruhet, und dadurch vom Falle gesichert ist.

Der Schwerpunkt bey einer Kugel, die aus einer=
ley Materie besteht, liegt im Mittelpunkte derselben.

Wenn man überhaupt den Schwerpunkt eines Körpers
finden will, so hänge man ihn an einem Faden an, und
stelle sich vor, daß sich der Faden mitten durch den Kör=
per in gerader Richtung verlängere, wie bey einer Kugel,
durch die mitten ein Loch gebohrt, und wo durch dasselbe
der Faden gezogen ist. Der Punkt, wo dieser Faden liefe,
ist der Schwerpunkt, und der Körper hat auf allen
Seiten des Fadens gleich viel Gewicht. Soll also dieser
Körper stehen, so muß er auf den Schwerpunkt ge=
stellt werden; denn nur dann ist ein Körper vor dem Falle
sicher, wenn er mit dem Schwerpunkte die Unterlage
berührt, oder in senkrechter Linie mit der Grundfläche
ist, und deßwegen von allen Seiten gleich viel Gewicht
hat. Der Ort, auf welchem der Schwerpunkt ruhet,
heißt die Grundfläche. So ist bey den obigen Bey=
spielen der Finger, die Schneide, bey dem Teller die
Spitze des Messers die Grundfläche.

Der Schwerpunkt berührt aber nicht unmittelbar
die Grundfläche bey einem stehenden Körper, aber die
Linie, welche man sich vom Schwerpunkte verlängert
vorstellet, muß innerhalb der Grundfläche eintreffen.
So zum Beyspiele steht der Mensch auf zwey Füßen. Der
Schwerpunkt liegt in der Gegend zwischen den zwey
Hüften. Ziehet man von demselben eine senkrechte Linie,
so fällt sie innerhalb der Fläche, die zwischen seine Füße
auf dem Boden gezeichnet werden kann. Viele tragen auf
dem Kopfe die Last leichter, weil sie in gerader Linie mit
dem Schwerpunkte ist, und in senkrechter Linie auf die
Grundfläche drückt. Trägt man eine schwere Last vor
sich mit den Händen, so wird man sich rückwärts halten,

da hingegen der, welcher etwas am Rücken trägt, sich
vorwärts beugen muß. Beydes geschieht um mit dem Kör=
per, den man trägt, im Gleichgewichte zu seyn, damit jene
senkrechte Linie, die man vom Schwerpunkte zieht,
nicht außerhalb seiner Grundfläche eintrifft, wo dann
der Mensch fallen müßte. Die Stall=Leute tragen gewöhn=
lich den Pferden das Wasser in zwey Eymern zu. Sie
halten in jeder Hand einen, und gehen dabey leichter, als
wenn sie nur in der einen Hand einen Eymer trügen; denn
mit dem einen Eymer würde der Körper außer die Linie
gezogen, und durch den zweyten wird ihm das Gleichge=
wicht wieder gegeben.

Ein Körper kann schief, aber dennoch fest stehen,
wenn jene senkrechte Linie nur nicht außerhalb seiner
Grundfläche auf den Boden fällt. Der Mensch kann
sich etwas vorwärts, rückwärts und auf beyde Seiten
neigen, ohne zu fallen, und ohne die Füße zu verrücken,
und zwar um desto mehr, je weiter seine Füße nach der
Richtung, in welcher er neigen soll, auseinander stehen.
Man steht daher fester, wenn man die Füße in mäßiger
Entfernung vorwärts und zugleich etwas seitwärts aus=
einander setzt, wie die Stellung ist, welche in der Tanz=
kunst die vierte Position genannt wird, als wenn die
Füße nahe zusammen stehen.

Ich bitte meine jungen Leser, diesen Absatz ein Paar
Male aufmerksam zu durchlesen, um die Lehre vom
Schwerpunkte gut zu verstehen, dann können sie sich
mit folgenden Stücken, die sich auf die Lage des Schwer=
punktes beziehen, einen Spaß machen.

   1) **Jemanden so zu stellen, daß er nicht auf
      einem Beine stehen könne.**

7

Man laſſe ihn gerade mit einer Seite an eine Wand
ſtehen, ſo daß das eine Bein vom Fuße bis an die Hüfte
die Wand berührt. In dieſer Stellung iſt er nicht im
Stande, das andere Bein von der Erde zu bringen; denn
ſobald er es thut, iſt ſein Schwerpunkt nicht mehr un=
terſtützt, und er muß fallen.

2) Jemanden ſo zu ſtellen, daß er nicht im
    Stande ſey, etwas von der Erde vor ſei=
    nen Füßen aufzuheben.

Man laſſe ihn mit dem Rücken an einer Wand ſtehen,
ſo, daß die Ferſen die Wand berühren, ſo wird er bey
jedem Verſuche, ſich vorwärts zu beugen, um die vor
ſeinen Füßen liegende Sache aufzuheben, in Gefahr ſeyn,
zu fallen, weil ſein Schwerpunkt nicht mehr unterſtützt
iſt. Man muß jedoch die Bedingung nicht vergeſſen, daß
er die Knie nicht beugen dürfe. Daß kein Anhalten mit
der Hand erlaubt werde, verſteht ſich von ſelbſt.

3) Wie weit man um ſich her etwas von der
    Erde aufnehmen könne.

Wenn einer ſich frey hinſtellt, die Füße dicht neben
einander, und die Knie gerade gehalten, ſo iſt er nicht
im Stande, ein Stück Geld oder dergleichen von der Erde
aufzuheben, welches etwa zwey Fuß vor ihm liegt. Mit
gebogenen Knien kann er etwas weiter reichen, ohne aus
dem Gleichgewichte zu kommen. Will er ſeitwärts etwas
aufheben, ſo muß er den Hinteren etwas zurück biegen.
Wird ihm dieß unmöglich gemacht etwa dadurch, daß man
ihn wie vorhin mit dem Rücken an eine Wand ſtellt, ſo
wird er nichts, was ſeitwärts neben ſeinem Fuße liegt,
erreichen können; wofern er nicht den andern Fuß in die
Höhe bringt, welches man ihm, um die Wette zu gewin=
nen, unterſagen muß.

Der Laubfrosch.

Der Laubfrosch unterscheidet sich von andern Fröschen durch seine Gestalt, durch seine Stimme und durch seine Lebensart. Er ist der kleinste, der behendeste und geschickteste unter den hiesigen Fröschen, grasgrün, und hat kleine runde Warzen oder Knoten an den Füßen und eine lappige Haut an der Kehle. Sowohl mit den Knoten an den Zehen als auch mit der Kehlhaut kann er sich an den Seitenwänden des Glases und an andern glatten Körpern festhalten. Dieses Festhängen an glatten senkrechten Flächen kann vielleicht eine doppelte Ursache haben. Aus den Warzen bringt eine klebrige Feuchtigkeit; auch ist der ganze Körper mit einem Schleime überzogen. Vermittelst dieser Feuchtigkeit kann er sich am Glase ankleben. Eine zweyte Ursache aber kann der Druck der Luft seyn. Die Warzen an den Zehen scheinen wie Saugekolben zu seyn. Mit diesen saugt er sich an das Glas an, und die äußere Luft hält ihn daran fest. Dieses läßt sich dadurch erproben, daß er unter der Luftpumpe, wenn man die Luft stark unter der Glocke verdünnet hat, sich nicht an den Wänden der Glocke erhalten kann, sondern immer wieder herunterfällt. Sonst

7 *

kann er sich mit einem einzigen Knoten des Hinterfußes an den Deckel des Glases anhängen, so daß der ganze Körper herunter hängt.

Die Stimme des Laubfrosches hat mit dem Quacken der übrigen Frösche wenig Aehnlichkeit. Sie besteht in einem anhaltenden Gequirre, welches ungefähr so klingt, wie wenn man an einem Stücke Stahl mit einer stumpfen Feile oder auch nur mit einem Messerrücken an einem steinernen Teller herunter streicht. Man kann die Laubfrösche auf diese Art täuschen und zum Schreyen bringen, wenn man ihnen, besonders des Abends diesen Ton angibt. Nur das Männchen allein läßt seine Stimme hören, und zwar nach dem dritten Jahre. Wenn er schreyet, so bläset er seine Unterkehle wie eine dicke runde Blase auf, und die Seiten fallen ihm tief ein, indem er die Luft mit Heftigkeit auspreßt. Sie schreyen gewöhnlich des Abends nach Untergang der Sonne, und des Morgens bey Anbruch des Tages, und eine Schaar solcher Laubfrösche macht ein durchdringendes Geschrey, welches man sehr weit hört, und mit dem Gerassel der Schellenschlitten verglichen werden kann.

Man findet diese Frösche überall in Europa, nur, wie man sagt, gibt es in England keine. Wenn sie in Freyheit sind, so halten sie sich im Frühjahre im Wasser auf, im Sommer aber meistens auf dem Lande, wo sie auf Bäume klettern, und sich von Fliegen, Mücken und andern Insekten nähren. Sie wissen diese Thierchen aber so geschickt von den Blättern wegzuschnappen wie die Vögel es thun. Im Winter verbergen sie sich in die Erde, und erstarren bis zum Frühlinge. Im Glase aber, in der warmen Stube pflegt der Laubfrosch des Winters wochenlang auf einem Flecke zu sitzen, und kann zwey, drey

Monate ohne Nahrung leben. Man hält ihn in Zucker=
gläsern, die halb mit Wasser gefüllt sind, worin ein
Burbaumzweig und eine kleine Leiter gestellt wird. Wirft
man ihm eine lebendige Fliege hinein, so erhascht er sie
mit einem genau abgemessenen Sprunge, so daß er zu=
gleich mit allen Vieren am Glase hängen bleibt. Eine
todte Fliege nimmt er nie. Auch springt er nie nach ei=
ner Fliege, so lange sie sich nicht bewegt, sondern er
bleibt selbst so lange still sitzen, und sieht sie mit hervor=
quillenden Augen unverwandt an. Sobald sie aber an=
fängt sich zu bewegen, so springt er mit ungemeiner Be=
hendigkeit und Sicherheit zu, und schnappt sie weg, wo=
bey er sich nicht sowohl der Lippen, als vielmehr seiner
dicken rauhen Zunge bedient. Er frißt auch Spinnen
und andere Insekten, auch läßt er sich mit Dingen täu=
schen, die nur ungefähr wie Insekten aussehen, und sich
bewegen; so springt er, zum Beyspiele, nach einem klei=
nen Stücke von einer getrockneten Zwetschke nicht, so lange
man es ihm still hinhält und hinlegt; wohl aber, wenn
man es etwa an einem Pferdhaare befestiget, so, daß es
in Erzitterung geräth, und ein lebendiges Ansehen für
ihn erhält.

Seine merkwürdige Empfindlichkeit gegen die Verän=
derung der Witterung macht ihn zu einer Art von Ba=
rometer oder Wetterpropheten, und man kann seiner Vor=
herverkündigung oft besser trauen, als dem Steigen und
Fallen des Quecksilbers im Barometer. Wenn sich der
Laubfrosch unten im Glase badet, so kann man ziemlich
sicher schließen, daß es bald regnen werde. Verweilt er
lange im Wasser, so wird das Regenwetter anhalten.
Während des nassen Wetters hält er sich meistens im
Wasser auf, und läßt sich nur durch eine Fliege oder

andere Beute bewegen, einen Sprung heraus zu machen.
Ist das Wetter sehr schlimm, so ist er unruhig, oder
liegt auch ausgestreckt wie todt auf dem Boden, oder
macht krampfhafte Bewegungen. Hingegen hat man gutes Wetter zu hoffen, wenn er sich am Glase oberhalb
des Wassers festklebt, oder auf eine kleine Leiter klettert,
die man ihm in sein Glas setzt. Auch das Schreyen der
Männchen bedeutet trockene und beständige Witterung.

Papier.

Meine jungen Leser schreiben täglich auf Papier. Es
wird ihnen nicht unlieb seyn, zu hören, wie das Papier
gemacht wird. Freylich läßt sich schwer diese ganze Vorrichtung deutlich beschreiben. Am besten ist es, wenn
man sich in der Papiermühle alles zeigen und erklären
läßt. Da aber einige meiner jungen Leser vielleicht nicht
Gelegenheit haben, eine Papiermühle zu besehen, und
doch wissen möchten, wie Papier gemacht wird, so will
ich versuchen, es ihnen so deutlich zu erklären, als ich
es nur immer kann.

Das Papier besteht nur aus einem einzigen Materiale,
nämlich aus Lumpen, Hadern oder Strazen, wie man's
nennen will. Es gehen eigene Leute im Lande herum,
welche sie aufkaufen, und Lumpen= oder Hadersammler
heissen. In Ungarn, wo die Leute allgemein die Füße
mit leinenen Lappen umwickeln, werden die meisten Ha-

dern gesammelt, und Juden verhandeln dieselben häufig
nach Oesterreich.

Diese Lumpen werden in der Papiermühle sortirt: der
Battist und die feine Leinwand zu Postpapier, die etwas
gröbere weiße Leinwand zu Kanzleypapier, die noch schlech=
tere zu Konzeptpapier, aus schlechter ungebleichter Lein=
wand und aus Kattun wird Druckpapier gemacht; die al=
lergröbste Leinwand, Wollenzeug und unbrauchbares Pa=
pier werden zu Packpapier und Pappe, Fries und andere
schlechte Wollenzeuge zu Löschpapier verwendet.

Die Lumpen werden zerschnitten. Man hat dazu in
Papiermühlen eine eigene Maschine, welche das Wasser
treibt, die einige Aehnlichkeit mit der Häckselade oder
dem Strohschneider hat, mit dem Unterschiede, daß unten
ein befestigtes Messer ist, auf welches das obere Messer,
das durch ein Wasserrad auf und nieder gezogen wird,
wie eine Scheere streift. Die Lumpen, welche durch eine
besondere Walze zwischen die zwey Messer gezogen wer=
den, werden von denselben, wie mit einer Scheere klein
zerschnitten.

Die zerschnittenen Lumpen werden in großen Geschir=
ren in Wasser eingeweicht, und zu einem schwachen Grade
der Fäulniß gebracht. Manche geben auch ungelöschten
Kalk dazu, damit sich die Lumpen leichter auflösen; aber
dieses muß mit Vorsicht geschehen, weil er sie leicht zu
stark auflöset; wo dann zu viele Theile durch das Wasser,
welches man ablaufen läßt, weggeschwemmet werden.

Die eingeweichten Lumpen kommen dann in die Stampf=
mühle, wo sie zu einem Brey zerstoßen werden. Um
einen Begriff von der Stampfmühle zu haben, mögen
sich meine jungen Leser einen langen Trog, oder einen
langen ausgehöhlten Baum vorstellen, der von Innen mit

eisernen Platten ausgelegt ist. In diesen Trog, den man
den Löcherbaum nennt, fallen und heben sich viele Balken,
wie die Stämpel in den Mörsern. Die Balken sind an
dem unteren Ende, mit dem sie in den Trog fallen, mit
dickem Eisen beschlagen, und heissen die Stampfen. Ein
Wasserrad treibt die Stampfen, zieht sie in die Höhe,
und läßt sie wechselweise wieder fallen. In den Trog
oder Löcherbaum werden die eingeweichten Lumpen gebracht, mittelst des durch eine Rinne in denselben geleiteten
Wassers immer naß erhalten, und gewöhnlich durch 24
Stunden gestampft. Da in einer Papiermühle oft über
50 solche Stampfen sind, die wechselweise sich heben und
wieder niederfallen, so können sich meine jungen Leser das
Getöse vorstellen, das sie machen, und das man Viertel-
stunden weit hört. Die so bearbeiteten Lumpen heissen
Halbzeug.

Diese zerstampften Lumpen oder der Halbzeug werden in einer Maschine, die der Holländer oder Rühr-
kasten heißt, zwischen messingenen Schienen, die sich wie
Teller zwey und zwey gegen einander reiben, oder zwischen einer gefurchten Walze, die über stumpfe Messer
läuft, sehr fein zermalmet. Die Schienen sind an einer
Walze befestiget, die durch ein Wasserrad getrieben wird.
Ist der Brey fein genug, so heißt er Ganzzeug, und
ist zum Papiermachen geeignet.

Dieser Ganzzeug wird in ein großes hölzernes Gefäß (in eine Bütte) geworfen, mit Wasser verdünnet, und
daraus mit der Papierform Papier geschöpft. Die Papierform sieht beyläufig wie eine eingerahmte Schiefertafel aus.
Das, was bey der Schiefertafel Schiefer ist, ist bey der
Papierform ein Sieb von sehr feinem Draht geflochten,
und eben so lang und breit als ein Bogen Papier. Et-

was stärkere Drahtfäden gehen der Länge herab, welche
man an den weißen Streifen in jedem Bogen Papier kennen kann, wenn man ihn gegen das Licht hält. In dem
feinen Draht ist auch das Zeichen der Papiermühle, die
Numer des Papieres, Wappen u. dgl. mit anderem feinen Draht geflochten, und erscheint dadurch durchsichtig,
wenn man das Papier gegen das Licht hält. Mit dieser
Papierform schöpft der Papiermacher aus dem mit dem
Ganzzeuge gefüllten Gefäße, das man Bütte nennt, schüt-
telt die mit Zeug gefüllte Form etliche Male über die Bütte
hin und her, damit sich das Zeug an das Sieb gleich an-
legt, und das Wasser durch das Sieb durchfließt. Auf
dem Siebe bleibt das Zeug zurück, welches nicht abfließen
kann, weil die Rahme höher ist. Was auf dem Siebe
bleibt, ist ein nasser Bogen Papier, dessen Theile aber
noch nicht fest an einander hängen. Dieser nasse Bogen
Papier wird aus der Rahme auf einen Filzlappen, der
viereckig und größer als der Bogen Papier ist, und wie
ein dichter grober Tuchlappen aussieht, umgestürzt, und
auf denselben wieder ein Filzlappen gelegt. Auf diesen
kommt wieder ein neu geschöpfter Bogen Papier, auf
denselben ein anderer Filzlappen, und dieses geht so fort,
bis zwischen hundert zwey und achtzig Filze hundert ein
und achtzig Bogen gelegt sind. Einen solchen Stoß nen-
net man einen Pauscht oder Puscht.

Die so geformten Bogen haben noch sehr viel Wasser
in sich; daher werden sie gepreßt. Man legt den ganzen
Pauscht zwischen zwey Bretter in eine große Presse, und
presset ihn, wodurch das Wasser größtentheils heraus ge-
presset wird.

Durch das Pressen erhalten die Bogen schon Dichtig-
keit, so, daß man sie ohne Gefahr, sie zu zerreissen, an-

faſſen kann. Nun nimmt man jeden Bogen einzeln aus dem Filz, legt ihn auf einen glatten Stuhl, ſtreicht ihn mit einem breiten Holz aus einander, und ſetzt dieſes fort, bis drey Rieß gelegt ſind. Dann bringt man das gelegte Papier auf den Trockenboden, und hängt es auf die hin und her gezogenen Schnüre, gewöhnlich drey Bogen über einander auf.

Das Trocknen muß ſo langſam als möglich geſchehen, und eigentlich ſollte nicht einmal ſtarke Zugluft zukommen können. Man hält das Papier, welches im Winter ge= trocknet wird, für beſſer als das im Sommer getrocknete, auch iſt es bey gleichem Zeuge immer viel weißer, aber auch weniger feſt, wenn es gefriert. Das Druck= und Löſchpapier iſt nach dem Trocknen fertig, und wird dann geſchält, d. i., die bei dem Trocknen auf einander liegen= den Bogen werden von einander getrennt, gleich zuſam= men gelegt und gepreßt. Das Druckpapier wird auch noch geſchlagen. Man bedient ſich dazu eines großen Hammers, der wohl bis achtzig Pfund ſchwer iſt. Er wird durch das Waſſer getrieben; unter ihm iſt eine große eiſerne Platte, auf welche man den Stoß Papier legt, und den man wäh= rend des Schlagens immer umdrehet. Dadurch wird das Papier glatt und feſt.

Das Schreibpapier muß noch geleimet werden, da= mit die Buchſtaben nicht durchſchlagen. Dieſes geſchieht bey trockner Witterung im Frühlinge und Sommer. Die Papiermacher bereiten in einem großen Gefäße aus Schaf= füßen, Leimleder und allerley klebrigen Materien, wozu ſie auch oft Alaun nehmen, Leimwaſſer, welches pict. Durch dieſes Leimwaſſer werden die Bogen ausgebreitet gezogen und ſie ziehen den Leim an. Dann werden die Bogen wieder zwiſchen die Filzlappen gelegt, gepreſſet,

und auf dem Boden zum Trocknen aufgehänget. Dann
werden sie geschält, sortirt, durch den oben beschriebenen
Hammer geschlagen, in halbe Bogen gefalzet, in Bücher,
Rieße und Ballen zusammen gelegt, wieder gepreßt, und
in Rießen verschickt.

Die Fäserchen, die man oft an dem Papiere findet,
und die sich beym Schreiben gern an die Federspitze an=
hängen, kommen von dem Filze her, zwischen welche die
Bogen gelegen sind. Manches Papier hat Furchen und
ist so rauh, daß sich die Feder beym Schreiben immer
aufhält. Das kommt von den groben abgenützten Filz=
und Tuchlappen, von denen sich jeder Faden in das Pa=
pier eindrückt. Auch ist es nicht gut geschlagen.

Vieles Papier hat eine blaulichte oder Milchfarbe.
Die Papiermacher geben zu dem Zeug, so lange es in
dem Holländer ist, und zwischen den metallenen Schie=
nen zermalmet wird, eine blaue Farbe, die durch Wasser
verdünnet ist, wodurch diese Farbe am Papiere entsteht.
Das Druckpapier wird in Ballen zu 5000 Bogen, das
Schreibpapier aber in Rieße zu 20 Bücher oder 480 Bo=
gen gepackt.

In den Papier=Fabriken zu Franzensthal und
Pitten in Oesterreich wird Papier auf Maschinen ge=
macht, die sehr kunstvoll eingerichtet sind. Dabey wird
das gewöhnliche Schöpfen mit der Papierform, das Lei=
men und Trocknen erspart; indem durch künstliche Vor=
richtungen, die sich aber nicht leicht beschreiben lassen,
dieses alles durch die Maschine bewerkstelliget wird. Auf
diesen Maschinen wird Papier von ungewöhnlicher Länge
bis auf dreyßig und mehr Ellen verfertiget, und von der
Maschine selbst in die geforderte Länge geschnitten. Diese
Erfindung ist insbesondere den Tapeten=Fabrikanten will=

kommen, welche früher zu langen Tapeten mehrere Bo=
gen Papier an einander kleben mußten, jetzt aber das
Papier in jeder beliebigen Länge erhalten können.

Die Menschenretter.

Im Winter des Jahres 1799 waren fast alle Flüsse mit
dickem Eise bedeckt. Auch der Fluß Theya in Mäh=
ren war fest zugefroren. Am 24. Hornung dieses Jah=
res fing es an aufzuthauen, der tiefe Schnee schmolz,
ein starker Regen vermehrte das zusammenlaufende Was=
ser, und füllte das Beet der Flüsse so hoch an, daß das
durch das Thauwetter und den Regen mürbe gemachte
Eis gehoben und gebrochen wurde. Viele Flüsse traten
aus dem Ufer, und überschwemmten die herumliegenden
Gegenden. Der Fluß Theya ist sonst unbedeutend, aber
bey starkem Platzregen und schnellem Thauwetter läuft
von den Bergen eine solche Menge Wasser in denselben,
daß er ungewöhnlich hoch anschwillt, die Ufer übersteigt,
und große Verheerungen anrichtet. So war es auch in
der Nacht vom 23. auf den 24. Hornung. Unvermuthet
trat er aus den Ufern, mit entsetzlichem Krachen theilte
sich das Eis, und wurde in großen Stücken gegen Bäu=
me und Häuser von dem tobenden Wasser mit fortgerissen.
In dem mährischen Dorfe Altschallersdorf, nahe
an der Stadt Znaym, lag Alles im tiefen Schlafe.
Auf einmal drangen die rauschenden Fluthen in dasselbe,

die Eisschollen stießen an die Thore und Mauern, und
weckten die erschrockenen Einwohner. Da war ein Win=
seln und Jammern im ganzen Dorfe. Das Wasser war
in dem tief liegenden Theile des Dorfes bald so hoch,
daß es bey den Fenstern der Stuben durchströmte. Da
rettete sich, wer nur konnte, in die hochliegenden Häuser,
und da man hier nicht sicher zu seyn glaubte, auf die Dä=
cher und auf den Kirchthurm. Die geängstigten Haus=
thiere wurden aus den Ställen mit fortgerissen; da sah
man Tische, Schränke, Bettstellen, Wiegen und anderes
Hausgeräthe zwischen den Eisschollen in dem Wasser fort=
schwimmen; Häuser stürzten ein, und die Dächer schienen
sich mit dem Eise fort zu bewegen.

Den folgenden Tag waren aber auch jene Häuser,
wohin sich die Unglücklichen gerettet hatten, vom Einsturze
nicht mehr frey. Das Wasser war auch dorthin gedrun=
gen, tobte und brausete fürchterlich, und schleuderte die
Eisblöcke mit gräßlichem Krachen gegen die mürben Mauern.
Das Angstgeschrey, das Weinen und Wehklagen der Un=
glücklichen ertönte in der Luft, und überstimmte das Rau=
schen des tobenden Wassers. Mit einem erbärmlichen Angst=
geschreye hoben sie die Hände bittend gen Himmel; die
Mütter hielten ihre Säuglinge empor, und riefen um Ret=
tung; die Kinder klammerten sich an ihre Väter und schrien
um Hülfe. Manche wollten sich schon auf die Eisschollen
herablassen, und auf denselben Rettung suchen; aber die
Gefahr war zu groß und der Untergang wahrscheinlicher
als die Rettung. „Unter den Trümmern der Häuser und
zwischen den Eisschollen im Wasser werden wir unsern Tod
finden“, riefen alle ängstlich, „oder hier auf dem Thurme
werden wir des Hungers sterben müssen, wenn sich der
liebe Gott nicht unser erbarmet, denn Rettung durch Men=

fchen ift hier kaum möglich. Wer würde fich mit einem
zerbrechlichen Nachen zwifchen das wogende Eis wagen,
um uns zu Hülfe zu kommen?"

Die Fifcher der nahen Dörfer verfuchten es, ihnen mit
Kähnen beyzukommen, aber vergebens; fie gelangten nicht
zu den Unglücklichen. Nur drey Kofacken von dem Regi=
mente, das eben als Hülfscorps mit andern ruffifchen
Truppen zu der öfterreichifchen Armee marfchirte, und hier
in der Nähe im Quartier lag, wurden die Retter von 150
Menfchen. Ohne von Jemanden aufgefordert zu feyn,
beftiegen fie die zwey Kähne, mit denen die Fifcher ver=
gebens zwifchen dem Eife durchzukommen gefucht hatten,
ftießen mit Riefenftärke das Eis, welches nahe zu dem
Kahne kam, mit Haken weg, und arbeiteten aus allen
Kräften, um zu den Unglücklichen zu kommen. Oefters
fetzte fich der Kahn auf einem Eisfchollen feft; aber da
fprang einer von ihnen muthig auf den Schollen, fchob
den Kahn weg, und fchwang fich wieder in denfelben, um
mit vereinten Kräften den Kahn weiter vorwärts zu brin=
gen. Oft war der Kahn in Gefahr, zwifchen zwey Schol=
len zerdrückt zu werden, aber ihr Muth und ihre Stärke
trotzte jeder Gefahr.

Nach langer Arbeit gelangten fie zu den Unglücklichen.
Diefe wußten fich vor Freude nicht zu faffen, als fie ihre
Retter ankommen fahen. Jeder drängte fich, um der
erfte in dem Kahne zu feyn, und eben dadurch hätten fie
bald den Kahn umgeftürzet. Die braven Kofaken nahmen
aber nur fo viele Perfonen auf einmal, als der Kahn leicht
faffen konnte, darunter immer zwey oder drey Männer,
die ihnen bey ihrer Arbeit helfen konnten, und jene nah=
men fie am erften auf, die an dem gefährlichften Platze
ftanden. Wenn fie ihren Kahn ausgeladen hatten, fuhren

sie freudig zu den andern Unglücklichen wieder zurück.
Zum Glücke fing nach der vierten Fahrt das Eis an, sich
zu verlaufen, die Fahrt wurde minder gefährlich und
leichter, und in einem halben Tage waren alle 150 Men=
schen von Todesgefahr gerettet. Hätten sie die Rettung
später angefangen, so würden einige unter dem Schutte
der eingestürzten Gebäude und im Wasser den Tod ge=
funden haben, denn bald nach der dritten Fahrt stürzte
ein Haus ein, aus dem sie früher mehrere Unglückliche
gerettet hatten. Die Geretteten bezeigten ihren Rettern
auf alle mögliche Art ihren Dank; der Herr des Dorfes
wollte ihnen ein ansehnliches Geschenk geben, sie nahmen
es aber nicht; und eilten zu ihrem Corps. Wird wohl
das Andenken dieser Braven jemals in der Gemeinde ver=
löschen? Werden nicht die spätesten Enkel noch ihr An=
denken segnen? Wer hätte den rohen Kosaken so viel
Menschenliebe und Uneigennützigkeit zugetraut? So
schlägt unter einem groben Rocke oft ein edles Herz.

Kosaken.

Die eben erzählte Geschichte wird meine jungen Leser wohl neugierig machen, mit den Kosaken näher bekannt zu werden. Auch in dem unheilvollen Feldzuge Napoleons nach Rußland im Jahre 1812 und in dem darauf folgenden Befreyungskriege gegen diesen Zwangherrn war so oft von diesen leichten Reitern die Rede, daß es wohl der Mühe werth ist, sie näher kennen zu lernen. Die Kosaken sind Russen, sprechen gewöhnlich russisch, und bekennen sich zu der griechischen Religion. Sie bewohnen die südlichsten und östlichsten Länder des großen russischen Reiches, bewachen von dieser Seite die unermeßlichen Gränzen desselben, und haben von den Provinzen, in denen sie wohnen, den Namen; daher gibt es slobodische, saporogische Kosaken; Kosaken vom schwarzen Meere, donische, wolgaische, dubowskische, astrahansche, grabenskische, orenburgische, uralische und sibirische Kosaken. Sie machen unter den Russen einen besondern Stand aus, sie sind Gränzsoldaten, für den Krieg erzogen, bilden die irreguläre Reiterey im russischen Heere, und entschlossene, fähige, gewandte und sehr tapfere Leute; dabey sind sie genüg-

sam und immer frohes Muthes, aber große Liebhaber des
Trunkes. Ihre Anzahl im ganzen russischen Reiche be=
trägt über 700,000 Mann, von denen ein großer Theil
Kriegsdienste thut. Die übrigen treiben Viehzucht, Jagd
und Fischerey. Die Viehzucht ist ihr Hauptgewerbe; sie
ziehen viele Pferde, Hornvieh, Schafe, Schweine, auch
Ziegen und Bienen. Die Jagd ist ihre Hauptbelustigung:
sie üben sich darin von Jugend auf, scheuen keine Mühe
und Gefahr, und werden sehr geschickt in derselben. Ihre
schnellen und abgehärteten Pferde leisten ihnen dabey
vortreffliche Dienste. Sie erlegen die Thiere mit Kugeln,
Pfeilen oder Spießen. Der Kosak zu Pferd holt einen
Hasen im Laufe ein, und spießt ihn mit seiner Picke auf.
Auf größere Thiere, die er im schnellsten Galoppe ein=
holt, wirft er Schlingen, die er immer bereit hält, und
fängt sie. Die beständige Uebung auf der Jagd, wo sie
und ihre Pferde keine Beschwerlichkeit und Gefahren
scheuen, bildet sie von Jugend auf zu entschlossenen Krie=
gern. Die Fischerey betreiben die Kosaken fleissig, weil sie
sehr einträglich ist. Nur so weit es die Noth fordert,
beschäftigen sie sich mit dem Ackerbaue; Gartengewächse
und Wein bauen sie sorgfältiger. Sie gewöhnen sich an
jede Witterung, und leben an unwirthbaren Morästen
und auf kahlen Felsen eben so glücklich, als in warmen
fruchtbaren Gegenden. Sie kleiden sich meistens nach
polnischer Art; braun und blau sind ihre Lieblingsfarben.
Ihre Kost ist einfach: sie besteht aus Fischen oder Fleisch
und Gemüse; ihre Wohnungen sind schlechte Hütten; nur
die allernothwendigsten Geräthschaften besitzen sie, welche
sie sich meistens selbst verfertigen.

Das Wort Kosak bedeutet leichte Krieger, und

8

die Kosaken alle sind], so zu sagen, geborne Soldaten.
Ihre Hauptsache ist, die Gränze des russischen Reiches
gegen feindliche Anfälle und Räubereyen zu schützen.
Man kann sie daher als berittene Gränzsoldaten ansehen.
So lange sie in ihrer Heimath sind, haben sie keinen
Sold, welcher wegen der Menge derselben für das russi-
sche Reich zu kostspielig seyn würde: dagegen haben sie
verschiedene Vorrechte. Sie sind von der Leibeigenschaft
befreyet; (denn in Rußland haben noch die Adeligen
Bauern und andere Unterthanen, die ihnen so eigen zu-
gehören, wie uns ein Pferd, ein Ochs oder eine Kuh).
Sie dürfen keine Steuer von ihren Besitzungen, auch keine
Kopfsteuer bezahlen. Sie können sich ihr Salz und ihren Branntwein selbst bereiten, welches andern nicht erlaubt ist. Sie haben das Recht, aus ihrer Mitte Vorsteher zu wählen, von welchen sie nach eigenen Gesetzen
regieret werden. Diese heissen sie Atamann oder Hetmann, d. i. Heerführer. Ihre ganze Verfassung ist mi-
litärisch. Sie werden in Stämme eingetheilt, und jeder
Stamm hat seinen Hetmann, und nimmt den Namen
von dem Lande an, wo sie wohnen. Wenn sie außer
Land dienen, erhalten sie Sold und Verpflegung. Die-
jenigen, welche Kriegsdienste thun, sind in Regimenter,
und diese wieder in Kompagnieen eingetheilt. Ein Re-
giment ist 500 bis 3000 Mann stark, und hat seine Ober-
und Unteroffiziere. Von dem achtzehnten bis fünfzigsten
Jahre ist eigentlich jeder Kosak Soldat. Bey ihnen gibt
es keinen Unterschied des Standes, keinen Adel von Geburt, einer ist dem andern gleich; doch pflegen sie zu den
Ehrenämtern meistens Jemanden aus einer Familie zu
wählen, deren Abkömmlinge lange Zeit schon ansehnliche
Aemter bekleidet haben. Ihre Offiziere stehen um einen

Grad niedriger, als die Offiziere der übrigen Regimen=
ter. Jeder dienende Soldat muß außer dem Felddienste
sich und sein Pferd verkösten, für seine Kleidung und
Waffen selbst sorgen, und sich die Pferde anschaffen.
Nur im Felde bekommen sie Sold und Proviant wie die
regulären Truppen. Ein jeder hat wenigstens zwey Pferde,
theils um sie zu wechseln, wenn eines müde ist, und da=
durch schneller fortzukommen, theils um das Gepäck und
den Proviant von dem Einen tragen zu lassen. Der
Sattel ist von Holz, unter demselben liegt eine Decke von
Filz, und über ihn ein ledernes Kissen, auf welchem der
Kosak sitzt. Der gemeine Kosak trägt abgeschnittenes Haar
und einen langen runden Bart; die Vornehmen haben
nur einen Knebelbart. Sein langer tuchener Rock wird
durch die Degenkuppel um den Leib fest gebunden. Die
weiten leinenen Beinkleider reichen bis an die Halbstie=
feln. Auf dem Kopfe trägt er eine Mütze, die mit Schaf=
fell verbrämt ist. Der Offizier ist eben so gekleidet, nur
ist seine Kleidung kostbarer. Gemeiniglich trägt er zwey
Röcke über einander, von welchen der untere von Seide,
der obere von feinem Tuche und mit goldenen Tressen
und Schnüren besetzt ist. Bey jedem Regimente hat diese
Kleidung eine andere Farbe. Jeder Kosak hat eine sehr
lange Picke, die mit einem Fähnlein geziert ist. Nebst
dieser führt er einen Säbel, eine Büchse, ein Paar Pi=
stolen, die in dem Gürtel stecken, eine Peitsche an einem
kurzen Stiel, die eine Elle lang, und daumdick von Le=
der geflochten ist, und im Felde auch wohl eine Schlinge,
mit welcher sie die feindlichen Schildwachen fangen, und
mit sich fortführen. Verschiedene Kosaken haben statt der
Büchse Bogen und Pfeile. Jedes Kosaken=Regiment hat

8 *

seine eigenen seidenen Fahnen, die gewöhnlich mit dem Bilde eines Heiligen geziert sind. Sie haben keine Feldmusik, keine Pagagewägen, keine Kanonen, keine Zelte. Müssen sie im Freyen längere Zeit übernachten, so errichten sie sich Hütten von Gesträuchen, oder sie holen sich aus dem nächsten Walde Stäbe, schlagen sie ins Viereck in die Erde, spannen ihre Filzmäntel darüber, und lagern sich darunter. Da der Kosak von Jugend auf an eine geringe Kost, und alle Beschwerden zu ertragen gewöhnet ist, und sich auch das meiste von seinen Kleidungsstücken und von seinem Pferdgeschirre selbst verfertiget, so ist er zum Soldaten und besonders zu dem Vorpostendienste sehr geschickt. Die Kosaken sind wie die Fühlhörner einer Armee, die den Feind in weiter Entfernung aufspüren, ihn umschwärmen, und ihm Lebensmittel und Zufuhr abschneiden. So lange die Kosaken in ihrer Heimath sind, haben die Offiziere nicht viel Ansehen; im Felde aber sind sie streng, und fordern pünktlichen Gehorsam. Die Vergehungen werden theils mit Gelde, theils mit der Peitsche bestraft. Stockprügel duldet der Kosak nie. In der Schlacht theilen sie sich in kleine Haufen, und greifen den Feind, wenn er sich in einer Linie aufgestellt hat, auf allen Seiten unter gräßlichem Geschreye mit gefällten Picken im schnellsten Galoppe an, und suchen die Linie zu durchbrechen. Gelingt ihnen dieses, so lassen sie die Picke fallen, und an einem Riemen nachschleppen, greifen zur Pistole und zum Säbel, und metzeln nieder, was sie können. Finden sie aber Widerstand, so zerstreuen sie sich plötzlich, und fliehen eiligst zu ihren Sammelplätzen zurück, greifen vom Neuen wieder an, und so lange, als sie Befehl dazu erhalten. Ist der Feind geschlagen, so verfolgen sie ihn auf ihren schnellen

und dauerhaften Pferden so lange als möglich, und su=
chen Gefangene zu machen, die sie allenthalben aufsuchen.
Beute machen ist ihr Hauptgeschäft im Kriege, und wo
sie einfallen, wird alles geplündert, so daß die nachzie=
henden Truppen oft an dem Nothwendigsten Mangel lei=
den, wenn die Kosaken vor ihnen da gehauset haben.
Bey dem Rückzuge der Franzosen aus Rußland im Win=
ter 1812 haben sie eine unermeßliche Beute gemacht, und
mancher gemeine Kosak hat sein Pferd mit dem Sattel=
zeug geziert, das vorher ein französischer Marschall im
Staate gehabt hat. Wenn auch die Kosaken roh und
ungebildet sind, so hat man doch im Kriege manche schöne
Handlung von ihnen gehört.

Der schwere Truthahn.

Wilhelm sah einen Truthahn in der Küche liegen. Er hob ihn bey den Füßen in die Höhe! Das ist ein schwerer Vogel, sagte er, man hat Mühe, ihn mit einer Hand in die Höhe zu bringen. Wie viel mag er wohl wiegen, lieber Vater? Leicht zwanzig Pfunde, erwiederte dieser; aber du wirst kaum glauben, daß Johann, der doch ein starker Bursche ist, ihn nicht von einem Ende des Garten zu dem andern wird tragen können. Wilhelm lachte, und glaubte, der Vater habe ihn zum Besten. Dieser aber sagte, er wolle gleich den Versuch machen.

Er ließ eine gerade Stange bringen, die sechs Fuß lang war; er band den Truthahn an das eine Ende der Stange fest, und legte sie dem Johann so auf die Schulter, daß das vordere Ende, wo er mit der Hand anfaßte, nur einen Fuß, das hintere Ende, woran der Truthahn hing, fünf Fuß lang war. Johann ging mit dieser Last nur einige Schritte, er schwankte, seine Hände vermochten nicht mehr die Last zu halten; er ließ die Stange aus, und der Truthahn lag auf der Erde.

Das ist doch sonderbar, sagte Wilhelm, so etwas hätte ich mir nicht einbilden können. Lieber Vater, ich bitte,

erklären Sie mir doch, wie das zugeht, daß Johann eine
so leichte Last nicht tragen kann?

Sehr gern, wenn du gut Acht geben willst. Diese
ganze Sache beruht auf dem Gesetze des Gleichgewichtes
am Hebel. Unter einem Hebel wollen wir uns eine
Stange vorstellen, die auf einer Unterlage so ruht, daß
sie im Gleichgewichte ist: das heißt eine Stange, die wie
der Querbalken an einer Wage sich auf keiner Seite her=
absenket. An dieser Stange stellen wir uns drey Punkte
vor; einen an jedem Ende derselben, und einen in der
Mitte, mit dem sie auf einem andern Körper aufliegt,
welcher der Ruhepunkt heißt. Den Körper, an dem
die Stange aufliegt, wollen wir die Unterlage nennen.
Wenn der Ruhepunkt gerade in der Mitte, das heißt,
wenn die Stange in der Mitte auf der Unterlage auf=
liegt, wie bey einer gewöhnlichen Wage, so sagt man,
der Hebel hat zwey gleiche Arme.

Wenn man an jedem äußern Punkte gleich viel Ge=
wicht aufhängt, und der Hebel in der Mitte zwischen
diesen beyden Punkten aufliegt, wie bey einer Wage, so
bleibt der Hebel im Gleichgewichte. Du wirst oft einen
Mann Kerzen an einer Stange tragen gesehen haben.
Die Stange ist der Hebel; wenn er die Stange eben in
der Mitte auf die Schulter auflegt, und am hintern
Punkte 30 Pfund Kerzen aufgehänget hat, wie viel wird
er an dem vorderen Punkte aufhängen müssen, damit die
Stange im Gleichgewichte bleibt?

Wilhelm. Auch dreyßig Pfunde.

Vater. Und wie schwer ist dann die Last, welche
er trägt?

Wilhelm. Zweymal dreyßig, d. i. sechzig Pfunde.

Vater. Wenn Johann seine Stange in der Mitte

auf die Schulter aufgelegt hätte, wie viel Gewicht hätte er am vordern Ende anhängen müſſen, um dem Trut=hahne das Gleichgewicht zu halten.

Wilhelm. Zwanzig Pfunde, weil der Truthahn eben ſo ſchwer ſeyn mag.

Vater. Recht, da er nun ſtatt eines Gegengewich=tes ſeine Hände brauchte, ſo müßten dieſe ſo viel Kraft anwenden, als erfordert würde, eine Laſt von zwanzig Pfund zu heben. Wie ſchwer wäre da die Laſt geweſen, die auf ſeine Schulter drückte?

Wilhelm. Zwanzig Pfund hat der Truthahn, zwan=zig Pfund iſt das Gegengewicht, alſo zweymal zwanzig, d. i. vierzig Pfunde.

Vater. Je näher aber der Ruhepunkt dem einen von beyden andern Punkten gebracht wird, ſo daß der Hebel ungleiche Arme hat, deſto mehr wächſt das Ge=wicht an dem andern Punkte. Wir wollen dieſes gleich an unſerer Stange aus Erfahrung ſehen. Die Stange mit dem Truthahn hat 6 Fuß. Wenn ſie Johann in der Mitte auf die Schulter auflegt, wie viel hat jeder Arm derſelben?

Wilhelm. Drey Schuh, weil zweymal drey ſechs iſt.

Vater. Und dann hat auch jeder Arm gleiches Ge=wicht.

Wilhelm. Ja, Sie haben mir eben geſagt, daß Johanns Hände zwanzig Pfund ſchweres Gewicht ziehen müßten, wenn der Truthahn am andern Ende zwanzig Pfund ſchwer iſt.

Vater. Hier drückten alſo vierzig Pfunde auf ſeine Schulter. Ich habe aber dem Johann die Stange ſo aufgelegt, daß rückwärts das Ende, an welchem der Trut=hahn hing, fünf Fuß, das vordere Ende aber, welches er mit der Hand anfaßte, nur einen Fuß lang war. Es wurde also die Last fünfmal vermehrt. Wie schwer war also die Last an dem hintern Arme der Stange, oder des Hebels?

Wilhelm. Fünfmal zwanzig, d. i. hundert Pfunde.

Vater. So mußte nun Johann, weil das hinterste Ende in einer fünfmal so großen Entfernung von der Unterlage, d. i. von der Schulter hing, als die Entfernung der Hand betrug, eine fünfmal so große, also hundert Pfund Kraft anwenden, um den Truthahn zu erhalten, und auf seine Schulter drückte die Stange sammt dem vordern Ende mit einer Last von hundert zwanzig Pfunde, welches der gute Johann nun freilich nicht aushalten konnte.

Wilhelm. Jetzt verstehe ich auch, warum der Tisch=lerjunge, der so oft Bretter hier vorbey trägt, dieselben immer in der Mitte auf die Schulter oder auf den Kopf auflegt, damit der vordere Theil so viel Gewicht habe als der hintere. Wenn er sie weiter voran auflegete, so müßte er freylich um so viel mehr Kraft mit den Hän=den anwenden, um sie im Gleichgewichte zu erhalten.

Vater. Richtig, und auf diese Art wirst du viele Dinge leicht beurtheilen können, wenn du die Gesetze des Gleichgewichtes am Hebel gut verstehst. So z. B. würde nicht leicht einer allein einen drey Centner schwe=ren Stein mit den Händen von der Erde aufheben kön=nen, wohl aber mit dem Hebel. Er legt neben den Stein einen kurzen Querbalken zur Unterlage, und über densel=ben den spitzigen Hebel, greift mit diesem unter den Stein, drückt am andern Ende den Hebel nieder, und hebt so den Stein in die Höhe. Der Stein soll also drey Centner schwer seyn, der Hebel mag sechs Fuß lang seyn; wenn nun der Hebel, mit dem spitzigen Ende einen Fuß lang, über die Unterlage vorsteht, wie viel Kraft wird man an dem andern Ende des Hebels anwenden müssen, um den Stein von der Erde aufzuheben?

Wilhelm. Wenn der Hebel sechs Fuß lang ist, so reicht das andere Ende fünf Fuß lang über die Unterlage hinaus. Die Kraft wird also fünfmal vermehrt, wenn man also sechzig Pfund Kraft anwendet, und den Hebel am äußersten Ende anfasset, so mag diese Kraft dem Steine das Uebergewicht halten, und ihn aufheben.

Vater. Bey einem andern Versuche wollen wir dieses genauer bestimmen. Genug, der Hebel ist eine wahre Unterstützung für die Arbeitsleute, und der wird viel Kraft ersparen, der ihn gut zu benützen weiß. Um dich für deine Aufmerksamkeit zu belohnen, will ich dir jetzt ein kleines Kunststück lehren. Du sollst frey auf diesem Stuhle sitzen, und nicht von demselben aufstehen können.

Wilhelm. Wie? ich sollte vom Stuhle nicht aufstehen können? Das ist wohl nicht leicht möglich.

Vater. Setze dich frey auf den Stuhl hin, den Rumpf mit dem Kopfe halte senkrecht, die Schenkel lasse horizontal auf dem Stuhle ruhen, und die Beine senkrecht hinabhängen. Die Füße darfst du auf den Boden aufstellen. — Jetzt versuche aufzustehen; aber du darfst weder den Oberleib vorwärts neigen, noch die Füße, wie ich schon gesagt habe, zurücksetzen.

Wilhelm versuchte aufzustehen, aber so viel er sich auch anstrengte, so war es ihm nicht möglich. Er bath den Vater ein Gleiches zu versuchen, und meynte, weil dessen Füße länger wären und mehr Kraft hätten, so müßte er aufstehen können, aber ihm gelang es so wenig als Wilhelm. Wilhelm wollte nun auch die Ursache wissen.

Der Vater erklärte sie ihm so: In dieser Stellung liegt der Schwerpunkt des Sitzenden senkrecht über dem Gesäße. Will er sich heben, so sind seine beyden Schenkel die Hebel, welche aber an deren oberen Ende bey den Hüften die Schwere des Körpers herunterdrückt. Die Ruhepunkte sind in den Knien, und die Kraft, welche die Schwere des Körpers heben soll, ist in den Muskeln, welche die Schenkel und Beine ausstrecken. Diese Kraft wirkt aber in der angenommenen Stellung zu schief, ihre Entfernung vom Ruhepunkte ist zu klein, als daß sie die Last überwinden könnte.

Seltene Freundschaft einer Gans zu einem Kettenhunde.

———

Auf dem Landgute Little Grove in Hertfortshire in England war eine Gans, die zu der Art gehört, die man canadische Gänse nennt, welche sonst nicht gern auf einem Hofe bleiben, sondern lieber umher streichen. Diese aber hatte gegen einen Hofhund eine solche Freundschaft, daß sie sich immer bey dessen Stalle aufhielt, und sich nur von demselben entfernte, wenn sie ihrem Futter nachging; kaum hatte sie aber gefressen, so kehrte sie sogleich nach dem Stalle zurück. So saß sie den ganzen Tag neben der Hütte ihres Lieblings. Hineinzugehen wagte sie indessen nicht, ausgenommen bey Regenwetter. Wenn der Hund bellte, so fing sie sogleich an zu gackeln, und schoß wohl gar auf die Personen, denen, ihrer Meynung nach, das Bellen galt, und versuchte sie in die Beine zu beißen. Zuweilen machte sie einen Versuch mit dem Hunde zu essen; dieses gab aber dieser, der überhaupt eine so warme Freundin mit Kaltblütigkeit behandelte, schlechterdings nicht zu. Wenn das übrige Federvieh zur Ruhe ging, so ging sie niemals mit, wenn man sie nicht mit Gewalt dazu trieb. Des Morgens, wenn sie mit den übrigen auf die Weide getrieben werden sollte, war sie nicht von dem Hofthore wegzubringen, sondern saß den ganzen Tag davor, wo sie den Hund wenigstens sehen konnte. Man beschloß endlich, der treuherzigen Gans ihren Willen zu lassen, und sie nicht weiter mit Gewalt vom Hunde wegzutreiben, und sie konnte nun mit aller Herzlichkeit so lange bey ihm seyn, als sie wollte. Sie lief sogar des Nachts mit dem Hunde auf dem Hofe herum, wenn dieser die Runde machte; und wenn er zuweilen am Tage einen Spaziergang in das Dorf unternahm, begleitete sie ihn halb gehend und halb fliegend, um mit seinem geschwinden Reisetrabe Schritt halten zu können.

Diese außerordentliche Zuneigung endigte sich nur mit dem Tode des Hundes, der zwey Jahre darauf, nachdem man sie zuerst bemerkt hatte, erfolgte. Es wurde damals allgemein geglaubt, der Hund habe die Gans einmal zufälliger Weise von dem mörderischen Anfalle eines Fuchses befreyet. Während der Krankheit des Hundes verließ sie ihn gar nicht mehr, selbst nicht einmal um ihr Futter zu suchen, und sie wäre vielleicht verhungert, wenn man ihr nicht eine Schale mit Korn zu der Hütte gesetzt hätte. Diese ganze Zeit über hielt sie sich in der Hütte selbst auf, litt nicht, daß sich Jemand derselben näherte, die Person ausgenommen, die dem Hunde oder ihr das Essen brachte. Das Ende dieses treuen Thieres war traurig. Nach dem Tode des Hundes wollte sie die Hütte lange nicht verlassen. Als man endlich einen andern Hund von fast gleicher Größe und Farbe dem Verstorbenen zum Nachfolger gab, wurde das arme Thier Anfangs getäuscht, und glaubte, es wäre noch ihr alter Beschützer. Sie ging treuherzig zu ihm in die Hütte, wurde aber von dem Hunde bey der Kehle ergriffen, und auf der Stelle ermordet. Was diese Geschichte merkwürdig macht,

ift, daß die Zuneigung der Gans zu dem Hunde ent=
ftand, da diefe fchon erwachfen war, daß fie fich weder
gegen einen Menfchen, noch gegen ein anderes Thier ge=
fällig bezeigte: auch fchien diefe Zuneigung nicht bloß
Gewohnheit, fondern Dankbarkeit und eine Art von Ue=
berlegung zum Grunde zu haben. Die Gans, die ver=
muthlich öfters den Fuchs gefpürt haben mochte, fand
fich unter dem Schuße und in der Nähe des Hundes
ficher, und fie diente ihm dafür wieder, ob er es gleich
nicht von ihr verlangt hatte; fie verfolgte den Feind in
die Ferne, dem der an die Kette gefchloffene Hund bloß
die Zähne weifen konnte.

Bier.

Das Bier, welches häufig ftatt des theuren Weines ge=
trunken wird, ift ein Getränk, das aus Samenkörnern,
die Mehl in fich enthalten, gekocht wird, und durch die
Gährung einen ftärkeren Gefchmack und Geift erhält.
Die Erfindung, Bier zu brauen, fällt in die früheften
Zeiten. Schon die alten Aegyptier kannten das Bier.
Die alten Deutfchen tranken es als ihr gewöhnliches Getränk.
    Gewöhnlich wird das Bier aus Gerfte, und das bef=
fere aus Weißen gebrauet; aber auch aus Hafer, Rog=
gen, türkifchem Korn oder Mais, aus Birkenknofpen und
Birkenfaft, ingleichen aus den Sproffen oder jungen Zwei=
gen vieler Nadelgewächfe kann man Bier bereiten.

Die Körner, aus welchen Bier gebrauet werden soll,
müssen völlig reif, frisch und nicht verlegen seyn. Man
wirft sie in große steinerne Gefäße, gießt Wasser darauf,
läßt sie in einer gelinden Wärme lange stehen, und er=
weichen. Die Gefäße haben unten einen Zapfen, durch
welchen man das Wasser öfters ablaufen läßt. Man
gießt immer wieder frisches darauf. Einige breiten nur
die Körner auf dem Boden aus, begießen oder besprißen
sie mit Wasser, damit sie aufschwellen.

Die so erweichten und aufgequollenen Körner werden
in Haufen oder in Beeten auf einen luftigen Boden ge=
schüttet. Sie erwärmen sich selbst und treiben Keime.
Der Brauer gibt Acht, daß das Korn nicht zu schnell
keime, welches in den heißen Sommermonaten leicht ge=
schehen kann. Der Keim darf nicht länger als das Korn
selbst werden, sonst wird das daraus gekochte Bier leicht
sauer und kraftlos. Diese ganze Vorrichtung nennt man
Malzen, und die so bereiteten Körner das Malz.

Das Malz muß getrocknet werden. Es wird in dün=
nen Lagen auf den Boden ausgebreitet, damit die Luft
darüber wegstreichen kann, und oft umgeschaufelt. Die
Sonne darf nicht darauf scheinen, sonst schlagen die Keime
weiter aus. Das so getrocknete Malz nennen die Brauer
Luftmalz, welches ein geistiges, wohlfeileres Bier gibt,
das leicht gährt, und nicht so leicht mißräth.

Man trocknet das Malz auch durch die Wärme des
Ofens. Man breitet es auf Horden von geflochtenem
Draht oder von Thon, die über einen besonders dazu er=
richteten Ofen gelegt werden, aus, und läßt es langsam
trocknen. Dieser Ofen heißt die Malzdarre, und das
so getrocknete Korn das Darrmalz.

Die Keime an den Körnern taugen nicht zum Bier,

deßwegen müſſen ſie von denſelben gereiniget werden. Man ſchaufelt nach dem Darren das Malz ſo lange um, bis ſich die Keime, die durch das Trocknen dürre und ſpröde geworden ſind, davon abſtoßen und ſich abſondern.

Das getrocknete und von den Keimen gereinigte Malz wird auf der Mühle grob gemalen, welches man Schroten nennt. Die ſo in kleine gröblichte Theile zerriebenen Körner heiſſen Schrott. Die Mühlen in den Brauhäuſern werden gewöhnlich von Ochſen getrieben, welche auch leicht gefüttert werden können, da die Ueberbleibſel der Körner, aus welchen Bier gebrauet worden iſt, gutes Futter für die Ochſen geben. Das Malz wird geſchrotet, damit das Waſſer beſſer eindringen, und die kräftigen Theile ausziehen kann.

Der Schrott wird in ein ſehr großes hölzernes Gefäß gebracht, welches Maiſch=Bottich heißt. Auf dem Boden des Maiſchbottichs liegen vier Latten, in gleicher Entfernung von einander, über welche durchlöcherte Bretter gelegt werden, die ſo eingerichtet ſind, daß ſie den ganzen Boden des Bottichs bedecken, und einen zweyten Boden bilden. Etwas über dem untern Boden des Bottichs ſteckt ein Zapfen oder ein Hahn, vor welchem ein Kranz von Stroh gelegt wird, damit der Schrott nicht auslaufe, wenn aus dem Bottiche abgezapft wird. Neben dem Maiſchbottich unter dem Hahne in einer Vertiefung ſteht ein kleiner Bottich, welcher Schoßfaß heißt, und der dasjenige auffaſſet, was aus dem Maiſchbottiche abgezapft wird. Nun in dieſe Maiſchbottich wird der Schrott, mit etwas Häckſel oder Spreu vermengt, damit er ſich nicht zu feſt an den Boden anſetze, gefüllt, und zuerſt bloß mit warmem Waſſer begoſſen, nach und nach wird immer heiſſeres aufgegoſſen, und der Schrott, der

jetzt Maische heißt, beständig umgerührt. Dieses dauert
etwa anderthalb Stunden. Diese ganze Vorrichtung nen=
nen die Brauer das Maischen oder Möschen.

Die Maische wird dann aus dem Maischbottich durch
Rinnen in die Braupfanne übertragen. Die Brau=
pfanne ist ein sehr großes, viereckiges, kupfernes Gefäß,
welches auf einem Herde steht, der geheizt wird. In die=
ser Pfanne wird der Maisch langsam so lange gekocht,
und dabey fleissig umgerührt, bis sich dieses Decoct zu
klären anfängt, und die Ueberbleibsel des Malzes, welche
Träbern heissen, zu Boden sinken.

Nun wäre das Bier gebrauet. Damit es aber die
Süßigkeit verliert, und länger aufbewahrt werden kann,
gibt man gewöhnlich Hopfen dazu. Hopfen ist die
Blüthe einer Pflanze, welche aus Wurzeln gezogen wird.
In Böhmen werden eigene Hopfengärten angelegt. Die
Wurzeln treiben Schößlinge, von denen man nur einige
am Stocke läßt. Neben die Stöcke werden Stangen in
die Erde gesetzt. Die Schößlinge wachsen hoch auf, und
hängen sich mit ihren Ranken wie Weinhecken an diese
Stangen. Sie treiben Blüthen, welche aus schuppenför=
migen gelblichen Blättern bestehen, und einer nicht ganz
ausgeblühten gelben Rose ziemlich ähnlich sind. Wenn
sie reifen, riechen sie sehr stark. Sie werden dann abge=
pflücket, und sind sehr bitter. Diese Bitterkeit theilt der
Hopfen dem Biere mit, und macht es so dauerhaft, daß
es etliche Jahre aufbewahrt werden kann. Der Hopfen
wächst auch in Auen und Wäldern wild. Er windet sich
an den Dorngesträuchen auf, und bildet oft finstere Lau=
ben. Der Hopfen wird gedörret, und dann verbraucht
oder verschickt.

Einige brühen den Hopfen nur wie Thee an, und gießen den Extract zum Bier. Daburch wird es stark und geistig.

Andere bringen das Bier aus der Braupfanne wieder in den großen Bottich, und lassen es einige Zeit ruhig stehen. Darauf zapfen sie ein Schoßfaß davon ab, und kochen es mit Hopfen in der Pfanne. Dieses wiederholen sie so lange, bis die Pfanne voll ist. Hat es genug gekocht, so wird es in dem Maischbottich, der gut gereiniget worden ist, und jetzt Bierbottich heißt, übertragen.

Sobald der Bierbottich voll ist, so wird das Bier in kleinere Bottiche vertheilet, damit es sich schnell abkühle. Ist es kühl genug, so wird es in den Stellbottich, oder Gährbottich gebracht, und Hefen oder Gärme dazu gegeben, damit es gähre, und daburch stark und geistig werde.

Ist das Bier noch zu warm, so wird die Gährung zu heftig, und das Bier wird leicht sauer; ist es aber zu sehr abgekühlt, so gährt es zu langsam und zu schwach, woburch das Bier trübe und blähend wird. Die Hefen wird durch die Gährung in die Höhe getrieben und dann abgeschöpft.

Wenn kein Schaum mehr aufsteigt, und keine Bewegung mehr im Biere zu merken ist, so wird es in Fässer gefüllt; das Faß darf aber nicht ganz voll gemacht, und der Spunt muß offen gelassen werden, damit es Raum zur Gährung habe, und die noch übrige Hefe ausstoßen kann. Wenn es so einige Tage gelegen hat, keine Hefe mehr ausstößt und klar ist, so kann es getrunken werden.

Ein gutes Bier muß hell seyn, nicht blähen, schnell wieder aus dem Körper weggehen, wenig Säure und keinen allzubittern Geschmack haben. Das Bier, welches in

Krüge und Bouteillen gezogen wird, ist gewöhnlich stär=
ker, weil dadurch die Gährung gehemmt wird. Aber eben
deßwegen blähet es, weil es viel Luft und flüchtige Theile
noch mit sich führt, die bey dem gut gegorenen Biere
durch die Gährung abgesondert worden sind.

Das Bier, wenn es auch nicht jedem Menschen dien=
lich ist, kann doch, wenn es gut gebrauet ist, als ein ge=
sundes und nahrhaftes Getränk anempfohlen werden. Für
den stark arbeitenden gemeinen Mann ist kein Getränk
nährender und kräftiger als gutes Bier.

Der gebesserte Räuber.

„Gib Geld her, oder du bist des Todes!" schrie zit=
ternd ein junger, rüstiger Mensch, der am späten Abend
beym Mondenscheine aus einem Gebüsche im Walde auf
Herrn Kraftmann hervorstürzte, und ihn beym Arme
ergriff. „Halt Kerl! oder ich schieße dir die Pistole vor'n
Kopf," erwiederte Herr Kraftmann, der Stärke, Muth
und Geistesgegenwart hatte, er faßte ihn bey der Brust,
und schleuderte ihn zu Boden. „Gnade und Barmher=
zigkeit!" schrie dieser jammernd, „ich bin kein Räuber,
nur die äußerste Noth und Verzweiflung hat mich zu die=
sem Schritte verleitet." „Nun wer bist du Elender?"
fragte Herr Kraftmann mit donnernder Stimme. —
„Ein unglücklicher dienstloser Bedienter — zu betteln

9 *

schäme ich mich, — zwey Tage habe ich nichts gegessen,
Gnade und Verzeihung, gnädiger Herr!"

Herr Kraftmann, der sich nun wieder von der er=
sten Hitze erholt hatte, wünschte, daß dieses Geständniß
wahr wäre. Er faßte den jungen Menschen beym Arme,
befahl ihm mit durch den Wald zu gehen, redete mit ihm
ernst, aber doch gütig, erkundigte sich genau um seine Le=
bensumstände und um seinen vorigen Lebenswandel, und
schloß aus den offenherzigen reuevollen Antworten, daß
der junge Mensch nicht ganz verdorben sey, und noch
Hoffnung gebe, daß man ihn vollends bessern könne. Um
ihn auf die Probe zu stellen, gab er ihm am Ende des
Waldes nahe bey dem Städtchen, in welchem Herr Kraft=
mann wohnte, einen Gulden Geldes, daß er sich zu es=
sen und zu trinken kaufen und eine Nachtherberge sich
besorgen könnte. Er versprach über das Geschehene ein
strenges Stillschweigen, befahl ihm am folgenden Tage um
zehn Uhr bey ihm zu erscheinen, und nichts wegen des
Vergangenen zu fürchten.

Herr Kraftmann, der das edelste Herz von der Welt
hatte, dachte bis in die späteste Nacht über diesen Vorfall
nach. Bald hoffte er, bald befürchtete er für den jungen
Menschen. Er beschloß sein Möglichstes zu thun, um ihn
vom Verderben zu retten, wenn er käme. Die zehnte
Stunde rückte heran, und in derselben fand sich der junge
Mensch ein. Schamroth und mit tiefgebeugtem Haupte
trat er Herrn Kraftmann unter die Augen. Dieser
nahm ihn allein in sein Zimmer. Hier stürzte der junge
Mensch zu seinen Füßen, umfaßte seine Knie, bath mit
vielen Thränen um Vergebung und versprach Besserung.
Herr Kraftmann hob ihn auf: „Junger Mensch," sagte
er mit ernster Stimme, „er hat einen bösen Streich aus=

führen wollen, der ihm hätte können theuer zu stehen kom=
men. Noth und Hunger entschuldiget nicht, einen Raub
zu begehen. Ich hätte ihn gestern, wie jetzt in meiner Ge=
walt, und könnte ihn zur verdienten Strafe ziehen. Aber
ich halte mein Wort, ich verzeihe ihm. Seine Reue ge=
fällt mir, wenn sie nur aufrichtig ist. Bessere er sich, wie
er verspricht, und halte er auch sein Wort, wie ich das
meinige halten werde, so lange er seinem Versprechen treu
bleiben wird. Von jetzt an ist er bey mir als Bedienter
aufgenommen; verrichte er seine Dienste genau; halte er
seine Hände strenge von dem zurück, was einem andern
gehört; sey er redlich und emsig, so wird er an mir einen
guten und freygebigen Dienstherrn haben.‘‘

Peter, so hieß der junge Mensch, wußte sich vor Freude
nicht zu fassen. Der Ton und die Miene des edlen Mannes
verriethen eine gute Absicht; er ergriff seine Hand, benetzte
sie mit Thränen: Vater und Retter! rief er aus, und
das Wort erstarb in seiner gerührten Brust.

Nun gab Herr Kraftmann auf jeden Schritt, den
Peter machte, genau Acht; die mindeste zweydeutige Hand=
lung, die Verdacht erregen konnte, untersuchte er, ohne
daß es Peter merkte, mit aller Sorgfalt; er zog von
dessen vorigem Dienstherrn genaue Nachrichten über sein
ehemaliges Verhalten ein, und erfuhr keine üble Nachrede.
Peter trachtete mit vollem Eifer, die Liebe und Achtung
seiner Herrschaft durch genaue Erfüllung seiner Pflichten
zu verdienen, und es verflossen drey Jahre, ohne daß Je=
mand das Geringste wider ihn vorbringen konnte.

Es war an einem schönen Sommerabende, als Herr
Kraftmann ganz allein auf seiner Schreibstube war.
Peter machte sich darin etwas zu schaffen. Mit Thränen
in den Augen trat er vor den edlen Mann hin, faßte seine

Hand, drückte sie an seine Lippen, und sprach tief gerührt:
„Gnädiger Herr! heute sind es volle drey Jahre, daß
ich den bösen Streich im Walde verübte. Habe ich das
Andenken an die böse That durch ein dreyjähriges gebes=
sertes Betragen noch nicht ganz aus Ihrem Gedächtnisse
vertilgen können, so verzeihen Sie mir. Mein künftiges
Betragen soll Ihnen gewiß beweisen, daß ich ganz gebes=
sert bin.‟ Braver Peter, erwiederte der edle Mann, ich
kenne kein größeres Vergnügen, als ihn gebessert zu sehen,
und ich glaube nun, daß er es ist. Fahre er so fort, und
ich werde nie aufhören, sein Freund zu seyn.

Peter versprach immerwährende Treue, Dankbarkeit
und Anhänglichkeit an Herrn Kraftmann und dessen
Familie, und er hielt auch Wort. Nicht leicht wird man
einen Dienstbothen finden, der seiner Herrschaft treuer, red=
licher und fleißiger gedient hätte. Er nahm an den Leiden
und Freuden derselben den wärmsten Antheil, und fühlte
sie so, als wenn sie ihn selbst beträfen. Herr Kraft=
mann starb nach vielen Jahren. Peter leistete seiner
Frau und seinen Kindern eben die eifrigen Dienste wie
seinem Retter. Er wurde in diesem Hause grau, und als
ein redlicher Dienstbothe allgemein geachtet und geliebet.
Die ganze Geschichte wäre unbekannt geblieben, hätte sie
Peter nicht als Greis Kraftmanns erwachsenen Söh=
nen mit vieler Rührung erzählt, und dabei dankbar die
Asche seines Retters gesegnet.

Die Buschmänner.

Am Cap in Süd-Afrika lebt eine Gattung Menschen, die man eben so leicht für Affen halten könnte. Man nennt sie Buschmänner. Sie leben auf der untersten Stufe der menschlichen Bildung, und alle Versuche, sie der übrigen menschlichen Gesellschaft näher zu bringen, waren bis jetzt fruchtlos. Die Buschmänner sind klein, und von Hunger wie ausgedörrt. Die Männer sind kaum vier Schuh hoch, die Weiber in der Regel noch kleiner: beyde häßlich, grundhäßlich, daß man sie ohne Ekel und Abscheu nicht ansehen kann. Ihre Gesichtsfarbe ist lichter als der andern Landeseingebornen, der Hottentotten und Beetjuanen; nur kann man wegen des Schmutzes, der ihren ganzen Körper beständig bedeckt, selten die Farbe ihrer Haut erkennen. Ihr Auge ist lebhaft, rollt sich aber in wilden Blicken herum, und alle ihre Gebärden sind leidenschaftlich.

Sie haben gar kein Eigenthum, gar keinen Begriff von Mein und Dein. Treibt sie der Hunger, so suchen sie irgendwo etwas zu erhaschen; für den künftigen Morgen zu sorgen, fällt ihnen nie bey. Haben sie etwas zu essen, so verschlucken sie es mit thierischer Begierde, und haben sie nichts, so hungern sie mit beyspielloser Entsagung zwey, drey, vier Tage lang. Ihr einziger Hauptnahrungszweig ist die Jagd. Sie jagen Affen, Löwen, Straußen, Antilopen und andere Thiere. Sie haben kein

anderes Eigenthum als manchmal einen Hund. Sie schie=
ßen mit Pfeilen, welche sie in das Gift getödteter Schlan=
gen getaucht haben. Ist das Thier erlegt, so schneiden
sie die Wunde, in welche das Gift gedrungen, aus, und
verzehren die Beute bis auf den letzten Knochen. Von
Aufbewahren auf eine andere Mahlzeit ist bey ihnen kei=
ne Rede.

Seeküße und Elephanten fangen sie in großen Gru=
ben, wo sie das Thier, dessen Haut ihre Pfeile nicht
durchdringen, eines qualvollen Todes langsam sterben
lassen, und es dann mit größtem Appetit verzehren. Die
Straußen=Nester suchen sie der Eyer wegen fleißig auf;
Schlangen, Heuschrecken und Ameisen nebst den Eyern
der letztern sind ihnen die süßesten Leckerbissen. Den
Schlangen, mit dessen Gifte sie ihre Pfeile bestreichen,
beissen sie den Kopf ab, und behaupten, daß nachher der
Genuß dieses Leckerbissens ihnen ganz unschädlich sey.

Bleiben ihnen alle diese schmackhaften Bissen aus, so näh=
ren sie sich von mehrerley Arten von wilden Liliengewäch=
sen, von denen sie die Zwiebeln am liebsten essen; reichen
auch diese nicht hin, um ihr elendes Leben zu fristen, so
wird ein paar Tage gehungert, oder sie gehen auf Raub
aus, was nach ihren Begriffen gar nichts Widerrechtli=
ches ist. Sie sehen das Eigenthum anderer völlig für
ein Gemeingut an, welches jedem, und also auch ihnen
gehört. Da aber ihre Nachbarn, die europäischen Kolo=
nisten (Ansiedler aus Europa), und die eingebornen Hot=
tentotten und Beetjuanen ihr Eigenthum gegen jeden
Raub beschützen, so glauben die Buschmänner, daß
sie dadurch beeinträchtigt werden, und suchen das, was
man ihnen nach ihren Begriffen freywillig geben sollte,
durch List an sich zu reissen. Dadurch wird diese rohe

Menschenklasse den Bewohnern dieser Gegend lästiger, als eine gewöhnliche Landplage; denn diese währt nur kurze Zeit, diese Strauchdiebe sind aber immer bey der Hand.

Die vormalige holländische Regierung am Cap faßte den edlen Entschluß, diese Buschmänner nach und nach der menschlichen Gesellschaft mehr zu nähern, und sie allmählich in vernünftige, arbeitsame Menschen umzubilden. Sie befahl den Kolonisten, sie zu schonen, und als Menschen zu behandeln. Es war daher scharf untersagt, auf keinen derselben, wenn er auch auf einem Raube betroffen würde, zu schießen, sondern es ward jedem empfohlen, sich mit ihnen durch eine freywillige Gabe in Güte abzufinden. Man hegte zugleich Hoffnung, stufenweise die Buschmänner an den Umgang mit den gebildeten Kolonisten zu gewöhnen und dieses heidnische Volk zum Christenthume zu bekehren. Allein alle Versuche mißlangen; Güte fruchtete nichts. Nur Strenge ist im Stande, dieses raubgierige Volk im Zaume zu halten, und die Engländer, die sich im Jänner 1806 in den Besitz des Caps setzten, haben ernste Maßregeln zur Sicherung des Eigenthums ihrer Kolonisten gegen die hinterlistigen Angriffe der Buschmänner ergreifen müssen.

Diese Angriffe geschehen von den Buschmännern nie im offenen Felde, sondern immer heimlich und mit der ausgesuchtesten Schlauheit. Sie sehen, was keinem Europäer möglich ist, anderthalb Meilen weit, mit der bestimmtesten Genauigkeit. Gegenstände, die wir mit dem vollkommensten Fernglase noch nicht wahrnehmen, sieht der Buschmann mit bloßem Auge so genau, daß er sie ganz bestimmt zu unterscheiden weiß. Sein Pfeil trifft immer auf den Punkt, wo er Menschen und Thieren tödt-

lich ist. Spannt er die Sehne seines furchtbaren Bo=
gens, so ist der Gegenstand, auf den er lauert, ohne Ret=
tung verloren, denn er schießt seinen vergifteten Pfeil
nicht eher ab, als bis er das, was er schießen will, ge=
wiß auf dem Korne hat, darum fehlt er nie.

Der Mensch oder das Thier, auf welche der Busch=
mann den Todespfeil zückt, nehmen ihn gar nicht wahr,
denn er schießt nur bey der Nacht, oder hinter einem
Strauche versteckt, oder auf die Erde platt hingelegt, wo
er sich in eine Furche oder Vertiefung drückt: hier kann
man ihn wegen seiner schmutzigen Körperfarbe vom Erd=
boden gar nicht unterscheiden. Wird er verfolgt, so ist
kein Europäer im Stande, ihn einzuholen. Er läuft so
geschwind als ein Pferd im Galopp, und schwimmt wie
ein Aal durch die reissendsten Ströme, die sich seiner
Flucht entgegenstellen.

Der Buschmann trinkt wie ein Thier: er legt sich
platt auf den Bauch an das Ufer, und bringt das Maul
zum Wasser. Die Kaffern und Hottentotten, (wilde Ein=
geborne des Caps) hingegen hucken sich neben den Strom,
und werfen das Wasser mit den beiden Vorderfingern ins
Maul. Aus hohler Hand trinkt kein süd=afrikanischer
Wilder.

Die Buschmänner leben ohne Heimath; sie sind
nirgends zu Hause, und haben weder Hütte noch Höhle,
vielweniger ein Haus. Sie schweifen beständig herum,
und des Nachts liegen sie wie die Thiere in ihrem Lager
oder Neste. Ein solches Lager, welches sie sich aus einem
Strauche, der ein sehr weiches Laub hat, (Tarchonantus)
bereiten, hat völlig die Gestalt und das Ansehen eines
Vogelnestes; die Zweige des Strauches sind in der Runde
aus einander gebogen, und im Grunde liegt Heu, Laub

und Wolle. In Ermanglung eines solchen Strauches scharren sie Löcher in den Sand, von höchstens 6 Schuh im Durchmesser, und darin liegt der Buschmann mit seinen Kindern und Weibern. Sie kugeln sich in diesem engen Raume zusammen, ziehen Beine, Köpfe und Hände eng an einander, und decken sich mit dem Felle eines Jakals oder Schafes zu, daß man in so einem Neste gar keinen Menschen vermuthen sollte.

Wer das erstemal einen Buschmann zu Gesicht bekommt, hält ihn gewiß eher für einen Affen als einen Menschen. Des Haares Farbe ist wegen des Schmutzes nicht zu bestimmen, sein Bart ist spitzig. Stirn, Nase und Kinn sind mit einem schwarzen Schmutze überzogen, nur um die Augen hat er einen weißen Ring von den Thränen, die ihm der Rauch seines Tabacks und Feuers entlockt. Das lebhafte rasche Rollen und Drehen der Augen und die unaufhörliche Beweglichkeit seiner Augenbraunen lassen kaum einen Zweifel übrig, daß man einen Affen vor sich habe. Eine affenmäßige Begierde, ein schelmisches und mißtrauisches Lauern, eine furchtsame Scheu und boshafte Tücke wechseln immer in seinem häßlichen Gesichte. Dagegen ist kein Zug von Gefühl, von menschlichem Gemüthe in denselben bemerkbar.

Gibt man ihm zu essen, so streckt er ängstlich und doch verlangend den Arm darnach weit aus; hat er es ergriffen, so verschlingt er es mit dem Heißhunger eines Raubthieres, und blinzelt dabey immer umher, ob nicht Jemand komme, und es ihm wieder nehme. Er gönnt sich kaum Zeit, gehörig zu kauen, sondern verschluckt so große Bissen, daß man sie die magere Kehle hinunter gleiten sehen kann.

Seine höchste Glückseligkeit ist das Tabackrauchen. Er

schlürft zu diesem Behufe das Mark aus dem ersten be=
sten Knochen, stopft ihn dann mit Taback ganz voll, steckt
den Knochen, so weit er kann ins Maul, zündet an dem
außen stehenden Ende den Taback an, und schluckt nur
den Dampf in voller Zügen hinunter. Mit jedem Zuge
kneift er die Augen ganz zusammen, um damit anzuzei=
gen, daß es für ihn nichts Angenehmeres mehr auf dem
Erdboden gebe.

So häßlich die Männer sind, so scheußlich kann man
auch die Weiber nennen. Sie zeichnen sich durch ganz
kleine Augen aus, aus welchen eine gewisse Verschlagen=
heit hervorleuchtet. Die Mütter tragen ihre Kinder auf
dem Rücken, und reichen ihnen unter der Achsel weg die
Brust. Die Kinder sind in dem Grade unförmlich dick,
als die Aeltern äußerst mager sind: aber noch als Säug=
linge kriechen sie schon allein im Sande herum. Noch
kein Jahr alt, gehen sie keck auf den Beinen. Etwas
älter gehen sie auf Nahrung aus, graben sich Wurzel und
Zwiebel, und verschlingen sie mit eben dem Heißhunger
wie die Aeltern. Sie wachsen ohne alle Aufsicht wie das
liebe Vieh heran, thun das, was sie Vater und Mutter
thun sehen; essen, trinken, stehlen und schießen, was ih=
nen vorkommt, mit giftigen Pfeilen todt, und sterben am
Ende aller Ende in ihrem Strauchneste wie ihre Vor=
ältern.

Welcher großer Abstand zwischen dem wilden Busch=
mann und dem gesitteten Europäer! Danken wir es der
göttlichen Vorsicht, daß sie uns von gesitteten Aeltern hat
abstammen lassen; benützen wir aber das Beyspiel und
den Unterricht unserer Aeltern und Lehrer, daß wir ge=
sitteter werden!

Die Perlen.

Die Perle wurde von jeher sehr hoch, oft höher als der Diamant geschätzt. Sie verdankt ihre Schönheit nur der Natur, da der Diamant hingegen sein Feuer und seinen Glanz durch die Kunst des Schleifers erhält.

Die mildere Weiße der Perle, ihr bescheidener Glanz, der sich nur dem näheren Auge zeigt, macht sie zum passenden Sinnbilde der Unschuld und Reinheit des Herzens, und man ertheilt dem anspruchslosen, bescheidenen Jüngling kein schöneres Lob, als wenn man ihn die Perle unter seines Gleichen nennt.

Wie der Diamant seinen Glanz erst durch die Hand des Schleifers erhält, so verliert die Perle sogar von ihrer natürlichen Schönheit durch das, was die Kunst mit ihr vornimmt, um sie auf eine Schnur zu reihen. Da die Kunst, Diamanten zu schleifen, den Alten unbekannt war, so war es natürlich, daß sie die Perle dem Diamant vorzogen. Plinius sagt in seiner Naturgeschichte: „Das Höchste aller Dinge an Werth ist die Perle“ und selbst den wildesten Völkern dient sie zu ihrem vorzüglichsten Schmuck. Wie sehr die Perlen zu Mosis und Salomons Zeiten (vor 3300 und 2800 Jahren) geschätzt wurden, davon finden wir viele Beweise in dem ältesten der Bücher. „Die Weisheit ist höher zu achten, sie ist edler als Perlen!“ — „Ein tugendsames Weib ist edler als die köstlichsten Perlen,“ heißt es im Buche Hiob und in den Sprüchen Sa-

lomons. Im neuen Testamente wird sogar das Himmel-
reich mit der Perle verglichen, und in der Offenbarung
Johannis sind die Mauern des himmlischen Jerusalems
nur von Edelsteinen, die Thore aber von Perlen.

Sonderbar ist es, daß die Perle ihren Namen in allen europäischen Sprachen von den alten Deutschen hat.
Selbst der lateinische und griechische Name Margarite
ist nach Plinius Zeugnisse fremden Ursprunges, und
kommt von dem angelsächsischen Worte Meregrot, Meergries (Meergries, Meersteinchen), her; und das Wort
Perle oder Berle ist nichts anders als das Deutsche:
kleine Beere, von ihrer runden Form.

Wie entstehen die Perlen?

Die Natur und der Ursprung der Perlen sind jetzt vollkommen bekannt. Die Materie, woraus sie bestehen, ist
ganz einerley mit der, woraus die Schale der Muscheln,
in welchen man sie findet, besteht, nämlich eine Kalkerde
mit etwas wenigem thierischen Leim oder Schleim von dem
Schalthiere, welches die Muschel bewohnt. Die Perlen
lösen sich daher in Säuren auf, wogegen sie aber, so lange
sie nicht beschädiget oder zerbrochen sind, durch den glän-
zenden opalfärbigen Schmelz, mit dem sie überzogen sind,
geschützt werden.

Alle zweyschaligen Muscheln, deren Inneres perlenmut-
terartig ist, erzeugen Perlen auf eben die Art, wie das
Thier die Schale um sich herum bildet. Vorzüglich aber
entsteht sie in' der sogenannten Perlenmuschel, deren
Schale flach, kreisrund, voll Furchen, auswendig grau
ist, und inwendig Perlenfarbe und Glanz hat. Man findet sie von der Größe von sechs Zoll im Durchmesser und
ein bis zwey Zoll Dicke.

Die Thiere, welche diese Muschel bewohnen, enthalten einen Saft, welcher, wenn sie ihn von sich gegeben haben, sich versteinert, oder verkalkt. Sie sondern ihn vermittelst ihrer Drüsen ab, und bilden aus demselben um sich herum die Schalen, ihr Haus, welches die Natur zu ihrer Sicherheit bestimmte; so wie die Raupe aus ihrem Safte ihr Grab spinnt, in welchem sie verborgen liegt, bis sie als herrlicher Schmetterling aus demselben hervorgeht.

Das Schalthier bildet die Schale, indem sie diesen Saft in unzähligen äußerst dünnen Lagen parallel um sich herum absondert; die Perle bildet es durch eben solche Lagen, die aber nicht parallel sind, sondern sich in engen Kreisen um einen Mittelpunkt herumziehen, so wie man einen Faden um eine kleine Kugel windet, daß daraus ein Knäuel werde. Dieser runde, kalkartige Auswuchs, die Perle, findet sich zuweilen im Thiere selbst, zuweilen getrennt von ihm an der inneren Schale.

Die Veranlassung dieses unnatürlichen Auswuchses ist wahrscheinlich irgend ein fremder Körper, z. B. ein Sandkorn, den das Thier mit einer Nahrung zu sich genommen hat, und den es nun, um ihm seine Rauhigkeit, die ihm wehe thut, zu benehmen, mit jenem schleimigen Safte überzieht. Sobald dieser Saft verhärtet ist, so drückt er vom Neuen wieder auf das Thier, und ist ihm lästig, wodurch es abermals veranlaßt wird, ihn mit seinem schleimigen Safte zu überziehen, welches es so fort macht, so oft der fremde Körper auf ihn wirkt, daß es ihn immer vom Neuen überzieht.

So wächst durch Anlegung dieses Saftes die Perle unaufhörlich, und besteht, gleich einer Zwiebel, aus unzähligen feinen hohlen Lagen, die fest über einander liegen, und abwechselnd bald ein sehr schönes Wasser haben, bald unrein sind. Diese Entstehungsart wird dadurch außer Zweifel gesetzt, daß man wirklich oft, wenn man die Perlen aufschneidet, in ihrer Mitte den fremden Körper findet, um den das Thier die Lagen, wie um einen Kern angelegt hat.

Die Perlen werden durch den Stich eines Wurmes veranlaßt.

Eine andere Veranlassung der Perlen ist folgende: So wie in der Natur alles auf Kosten seiner Nebengeschöpfe lebt und zehrt, so gibt es auch im Grunde des Meeres oder in den Ritzen der Felsen Würmer, welche die Muschelschalen durchbohren, um sich vom Fleische des Schalthieres zu nähren. Das Schalthier verwahrt sich von seiner Seite gegen diesen Angriff; indem es jedes Loch mit einer Perle vermauert, die es aus dem steinartigen Safte bildet, mit welchem es die Natur zu seiner Erhaltung begabt hat.

Der berühmte Naturforscher Linné gerieth durch diesen Umstand auf eine Erfindung, die schon lange vorher gemacht war, und aus der die schwedische Regierung lange ein Geheimniß machte, um die Vortheile derselben allein zu genießen. Linné versuchte, die Muscheln anzubohren, um das Thier dadurch zu veranlassen, mehrere Perlen in der Schale zu bilden. Die Erfahrung hatte gezeigt, daß das Thier über jedes Loch eine Perle ansetzte; da aber diese Perlen an der Schale festsitzen, so sind sie nicht rund, und haben daher im Handel keinen hinlänglichen Werth, um die darauf verwendete Mühe zu belohnen.

Oft findet man auch schöne runde Perlen los in der Schale liegen; diese sind wahrscheinlich solche, die sich im Thiere selbst bildeten, und von demselben, weil sie durch

ihre Größe beschwerlich waren, wie die Excremente aus=
geworfen wurden.

Was man Perlenmutter nennt, ist die innere Schale
der Muschel, welche die Farbe und den Glanz der Per=
len hat.

Schönheit und Werth der Perlen.

Die Schönheit der Perlen besteht in der Größe, der
vollkommen runden Form, der natürlichen feinen Politur,
der silberweißen Farbe, und einem Glanze, der ihnen das
Ansehen der Durchsichtigkeit gibt. Solche vollkommene
Perlen erzeugen sich nur im Thiere selbst; und gegen eine
solche finden sich vielleicht tausend, die gleich Warzen an
der inneren Schale hängen, und wegen ihrer unregel=
mäßigen Form keinen Werth haben. Diese ungestalteten
Perlen wachsen oft in solcher Größe und Menge an, daß
das Thier seine Schalen nicht mehr schließen kann, und
daher ein Opfer seines eigenen Kunstfleißes wird.

Die Farbe der Perlen hängt nothwendig von dem
Safte ab, aus dem sie gebildet sind: daher sind sie nach
der Natur der verschiedenen Muscheln, vielleicht auch nach
ihrem gesunden oder kranken Zustande, silberweiß, bräun=
lich, grünlich, gelb, roth, rauchfarbig, und sogar schwarz;
die letzteren, obgleich weniger schön, werden ihrer Selten=
heit wegen, gleich den Negern, theuer bezahlt. Die schwärz=
lichen ohne Glanz werden nicht geschätzt; doch findet man
oft unter der ersten schwarzen Schale eine Perle vom schön=
sten Wasser. Die Einwohner von Hindostan schätzen
die goldgelben am meisten.

Die großen und schönen Perlen heißen Zahlperlen

(die Römer nannten sie unio); sie werden einzeln gewo-
gen, und nach dem doppelten oder Quadratverhältnissen
des Gewichtes bezahlt, so daß z. B. eine Perle von zwey
oder drey Quentchen vier= oder neunmal mehr kostete, als
von einem Quentchen.

Die kleinen oder Lothperlen werden mit einander
Loth= oder Pfundweise verkauft. Die größte in der Geschichte bekannte Perle ward von der Cleopatra, der
Königin Aegyptens bey einem Gastmahle, welches sie
dem römischen Triumvir Antonius gab, in Essig auf-
gelöset und auf dessen Gesundheit getrunken; Plinius
schätzt sie auf eine Summe, die fast eine halbe Billion
Dukaten ausmacht. Ein Neger hatte bey Panama eine
Perle gefunden, der man den Namen La Peregrina bey-
gelegt hat. Sie wurde Philipp II., König von Spa-
nien, überreicht. Sie war oval, von der Größe eines
Taubeneyes, und ward zu 80,000 Dukaten geschätzt.
Taveruier sah im Jahr 1633 eine Perle, die der König von Persien für 200,000 Dukaten gekauft hatte.
Der Papst Leo X. hat auch eine so große Summe für
eine Perle bezahlt. In der k. k. Schatzkammer in Wien
befindet sich eine Perle von der Größe einer Muskaten-
Nuß, welche auf 30,000 Dukaten geschätzt wird. Eine
Schnur Perlen, welche sich eben dort befindet, wird 50,000
Dukaten Werth gehalten. Die Hausperlen der Kaiserin
von Oesterreich sind von solcher Größe, daß 25 Stücke
eine ganze Schnur ausfüllen, und haben einen Werth
von 24,000 Dukaten. Ueberhaupt hat der hohe Adel des
österreichischen Kaiserstaates ungemeine Schätze an großen
und seltenen Perlen, welche als Familienschmuck sorgfältig erhalten werden, so daß man außer England nicht
leicht einen Schmuck von so hohem Werthe bey den

Großen des Reichs antrifft. In der Moldau und anderen Flüssen Böhmens findet man Muscheln, aus welchen Perlen gewonnen werden, und manche Familie der Großen in diesem Königreiche besitzt in ihrem Schmucke schöne und ächte böhmische Perlen.

Ehemals hatte man den Perlen große Heilkräfte zugetrauet, und man machte Perlen=Essenzen, Perlen=Tinkturen, die man zur Stärkung des Gehirns, des Magens, der Leber und als Verwahrungsmittel gegen Schlagfluß, Schwindsucht u. dgl. gab. Jetzt weiß man, daß die Perle keine andere medizinische Kraft besitzet, als die sie mit der Kreide gemein hat, und man gebraucht daher um die kostbare Perle zu ersparen, in den Apotheken immer Kreide zu diesem Zwecke.

Künstliche Perlen.

Um den Perlenschmuck zu vervielfältigen, hat man gesucht, durch Nachhelfen oder Nachahmung der Natur künstliche Perlen hervorzubringen. Diese kann man in ächte und unächte Perlen eintheilen, nämlich solche, die von den Muscheln selbst, wiewohl mit menschlicher Hülfe erzogen werden, und solche, die ohne Zuthun der Muscheln aus fremden Körpern zusammen gesetzt werden.

Zur ersteren Art gehört das oben beschriebene künstliche Anbohren der Muscheln nach Linnés Methode, die

10*

schon vor 1800 Jahre im rothen Meere bekannt war, und eine andere, die noch jetzt in China allgemein ange=wandt wird. Im Anfange des Sommers, wenn die Mu=scheln sich an die Oberfläche des Meeres begeben, und sich öffnen, werfen die Chinesen eine Schnur kleiner Kügel=chen, die aus Perlenmutter verfertiget sind, in die Scha=len. Nach einem Jahre findet man diese Kugeln sehr ver=größert, mit einer wahren Perlenhaut oder einem Schmelz überzogen, so daß sie den wahren Perlen vollkommen ähnlich sind.

Die vollkommenste Methode, unächte (falsche) Perlen zu verfertigen, ist von Jacquin in Paris gegen das Ende des siebenzehnten Jahrhunderts erfunden worden. Sie besteht in Folgendem: Eine gemeine Art kleiner Weißfische wird im Wasser abgeschuppt, worauf sich ein feines silberfarbiges Pulver vom schönsten Perlenglanz zu Boden setzt. Dann werden aus dünnen Röhren, die aus einem opalfarbigen Glase verfertiget sind, an der Lampe kleine hohle Kügelchen geblasen. In diese wird jenes Schuppenpulver, nachdem es mit aufgelöseter Hau=senblase vermengt ist, mittelst einer feinen Glasröhre ein=geblasen, und durch Hin= und Herschwenken gleichförmig vertheilt, bis es völlig getrocknet ist, und sich festgesetzt hat. Hierauf werden die Glaskugeln, um ihnen mehr Festigkeit zu geben, mit weißem Wachs angefüllt, der Kern durchbohrt, und dieses Loch mit einer papiernen Röhre ausgefüllt, damit die durchgezogene Schnur nicht anklebe. Zu einem Pfunde dieses Pulvers werden 20,000 Fische verbraucht. Vor 40 Jahren gab es unweit Cha=lons in Frankreich eine Fabrik, die täglich 10,000 sol=cher Perlen lieferte.

Perlen-Fabrikation in Oesterreich.

Auch in Wien werden falsche Perlen gemacht. Die Fabrikation der unächten Perlen hat hier zu Land seit einigen Jahren eine Ausdehnung erhalten, die sie wohl schwerlich außer Frankreich und Italien in irgend einem Lande erreicht haben dürfte. Dermalen zählt man hier in Wien einen landesbefugten und sieben befugte Perlen-Fabrikanten, welche nicht nur im Inlande viele Geschäfte machen, sondern auch ihre Fabrikate häufig nach der Türkey, Rußland, Preußen, ins ganze deutsche Reich, ja selbst nach den Niederlanden und nach Holland versenden.

Die ersten, welche in Wien Perl-Fabriken errichteten, waren drey Franzosen, Notier, Waren und Boullan, die im Jahre 1787 hierher kamen. Sie erhielten bald nach ihrer Ankunft durch die liberale Sorgfalt der österreichischen Staatsverwaltung bedeutende Unterstützungen. In diesem Zeitpunkte, unter der Regierung des für das Emporkommen der Landes-Industrie weislich besorgten Kaiser Josephs II. entstanden sehr viele Fabriken in Wien und in den übrigen Ländern des Kaiserstaates; und die Unternehmer derselben erhielten allen Vorschub und alle Unterstützung von der Staatsverwaltung.

Die hiesigen Perlen=Fabrikanten haben sich Anfangs bloß des venetianischen Glases zu den Perlen bedient, welches in runden flachen Laiben hierher gebracht, und dann erst zu Röhren gezogen wurde.

Jetzt und seit einigen Jahren schon verwenden sie größtentheils böhmisches Glas, welches sie, schon in dünne Röhren geformt, von den Glashütten beziehen. Zu der kleineren Gattung Perlen werden diese Röhren von den Perlen=Fabrikanten selbst an dem Lampenfeuer dünner gezogen. Bey Anwendung des böhmischen Glases finden indessen die Arbeiter, daß es viel schwerflüßiger und selten so weiß ist, als das venetianische Glas.

Der Perlenblaser hat bey seiner Arbeit zwey gläserne Röhren in der Hand, deren Enden er am Lampenfeuer, welches mittelst eines Tretbalges verstärkt wird, erweicht, und durch Hineinblasen zu Perlen formt. Das Ausbre= chen der Oeffnungen bey den feinen Sorten geschieht wechselweise mit den Röhren selbst, deren eine immer zu diesem Ende an die bereits geformte Perle angeschmolzen wird. Um die geblasene Perle von der Röhre zu tren= nen, bedient man sich eines eigenen Messers, welches la lime (die Feile) genannt wird, obschon es nichts Feilen= artiges an sich hat, sondern vielmehr dem Abzieheisen, dessen sich die Tischler bedienen, beynahe vollkommen gleich. Der innere Ueberzug der Glasperlen, nämlich die aus den Weißfischschuppen bereitete schillernde Materie, so wie das Wachs werden mittelst einer gekrümmten Röhre in die Perlen eingeblasen, und die gleichmäßige Verthei= lung durch das Rollen auf einem mit Leisten versehenen Brete bewirkt. Es ist beynahe nicht glaublich, wie schnell alle diese Arbeiten vor sich gehen, und es ist nicht unge=

wöhnlich, daß ein geübter Glasblaser in einem Tage 2000 Perlen bläset.

Man unterscheidet im Handel dreyerley Gattungen un=
ächter Perlen aus Glas: nämlich die Glas=, Wachs= und
Kunst= oder Kompositionsperlen. Erstere sind gewöhnlich
von gefärbtem Glase, und die geblasene Perle erhält bloß
an der inneren Fläche eine dünne Lage von einem leicht=
flüssigen Metalle ohne Schwefel, um hierdurch die Zurück=
werfung der Lichtstrahlen; wie bey den Spiegeln zu be=
wirken, und sie zugleich dauerhafter, und vielleicht auch
schwerer zu machen. Diese Sorte, zumal die rothen und
blauen Perlen, fanden ehemals in dem Oriente starken Ab=
satz. Dermalen ist aber hiernach wenig Nachfrage, und
hier werden sie bloß von Kindern, oder auf dem Theater
und bey Maskenbällen getragen.

Unter dem Namen Wachsperlen begreift man die, wel=
che aus weißem Glase geblasen werden, inwendig aber einen
Ueberzeug von der oben erwähnten schillernden Materie
haben, und einen zweyten von reinem Glase erhalten.

Die dritte Gattung, nämlich die Kunst= oder Kompo=
sitionsperlen ist jene, welche den ächt orientalischen Perlen
am nächsten kommen, und wirklich ahmt man sie so täu=
schend nach, daß es selbst einem Kenner, ohne sie in die
Hand zu nehmen, schwer fallen wird, sie von wahren Per=
len zu unterscheiden. Diese Sorte ist der vorhergehenden
vollkommen ähnlich, mit der Ausnahme nur, daß alle Ar=
beiten mit größerer Sorgfalt geschehen, und das Wachs,
welches über der aus Fischschuppen gezogenen Materie zu
liegen kommt, noch eine besondere Zubereitung erhält, wel=
ches bey den Wachsperlen nicht der Fall ist: und eigent=
lich den schönen Schiller, und somit diesem Fabrikate die
größte Vollkommenheit gibt.

Die Perlenfischerey.

Aechte Perlen findet man allerwärts wo es zweyschalige Muscheln gibt, selbst in Landseen und Bächen, also auch in Europa. In Böhmen in dem Flusse Matawa und in der Moldau, auch in Siebenbürgen, selbst in dem Kampf-Flusse in Oesterreich im B. O. M. B. gewinnt man Perlen von vorzüglicher Schönheit.

Die wichtigsten Perlenfischereyen sind im merikanischen Meerbusen und in Asien im persischen Meerbusen und in der Meerenge, welche die Insel Ceylon von Hindostan trennt. Die persischen Perlen von Ormus sind vielleicht die schönsten, aber die von Ceylon sind größer.

Die Perlenfischerey in Ceylon bey dem Dorfe Manaar ist die beträchtlichste in der ganzen Welt. Sie ist ein Eigenthum der Regierung, welche sie verpachtet, und den Pächtern die Anzahl der Boote bestimmt, mit denen sie auf den Perlenfang ausgehen dürfen. Die Fischerey in Ceylon fängt mit Anfang Februar an, und dauert bis in den April, da die Winde diesem Gewerbe ein Ende machen. Von dieser ausgemessenen Zeit geht ungefähr die Hälfte wegen Stürme, welche sie auszulaufen verhindern, und durch Feyertage verloren, so daß gewöhnlich im ganzen Jahre nur 30 Tage dort gefischt wird.

Auch darf man an derselben Bank nicht länger als

drey Jahre nach einander fischen; alsdann muß man sie einige Jahre ruhen lassen, bis die Muscheln wieder zu ihrer gehörigen Größe herangewachsen sind. Um zehn Uhr Abends, nachdem durch eine Kanone das Signal gegeben ist, segeln dort die Boote von der Küste ab, und erreichen gegen Morgen die Muschelbank. Mit Sonnenaufgang fängt die Fischerey an, und wird bis Mittag, da sich der Wind aus der See erhebt, auf folgende Art verrichtet:

Jedes Boot führt 21 Menschen, nämlich 10 Taucher, 10 Ruderer und einen Steuermann. Am Boote sind zwey Stricke befestiget, wo einer das Netz, der andere vermittelst eines haarenen Seiles einen etwa 30 Pfund schweren Stein hält. Der Taucher faßt das Netz und das Seil, woran der Stein befestiget ist (um desto schneller zu sinken), mit den Zehen seiner beyden Füße, ergreift mit einer Hand beide Stricke, hält mit der andern die Nasenlöcher zu, und stürzt sich so in das Wasser. Sobald er den Boden erreicht, läßt er die Stricke los, hängt sich das Netz um den Hals, und füllt es mit so vielen Muscheln an, als in der Zeit möglich ist, die er, ohne Athem zu holen, unter dem Wasser zubringen kann, welches gewöhnlich zwey Minuten ist. Die Taucher sind selten, welche sieben Minuten unter dem Wasser aushalten können. Keiner ist aber im Stande, länger unter dem Wasser zu bleiben. Wenn der Athem ihm ausgeht, so ergreift er den Strick wieder, zieht daran, um seinen Gefährten im Boote Nachricht zu geben, die ihn sogleich und schnell heraufziehen.

Diese kurze Wasserreise, und die dabey ausgestandene Angst greift den Taucher so an, daß er, sobald er das Boot erreicht, eine Menge Wasser, und wohl auch Blut von sich gibt, ohnmächtig niedersinkt, und in einen tob-

tenähnlichen Schlaf verfällt. Dieses hält aber die An=
dern nicht ab, sich auf gleiche Weise in das Meer zu
versenken, und gewöhnlich machen fünf zugleich die Reise.

Jeder Taucher bringt etwa 100 Muscheln mit, und
kann, wenn er Kräfte dazu hat, die Reise täglich vier=
zig= bis fünfzigmal machen, so daß jedes Boot täglich
bey 40,000 Muscheln einbrigt. Die größte Gefahr, der
sich der Taucher aussetzt, ist, von einem Hayfische ver=
schlungen zu werden. Dies ist auch ihre einzige Furcht.
Um dieses abzuwenden, sind eigene Beter und Beschwö=
rer am Gestade, welche eigends von der Regierung un=
terhalten werden, und während der Fischerey unaufhör=
lich Gebete und Beschwörungsformeln hersagen, wodurch
sie nach ihren Religionsbegriffen meinen, die Gefahr ab=
zuwenden. Doch die Taucher haben eine so große Ge=
wandtheit und Behendigkeit, dem Raubfische auszuwei=
chen, daß selten ein Unglück wiederfährt.

Während der ganzen Zeit der Perlenfischerey ist auf
der Küste, welche die übrigen zehn Monate des Jahrs
ganz unbewohnt ist, ein Gewühl und eine Thätigkeit,
die eine der sonderbarsten Scenen gibt. Man findet da
ein buntes Gemisch mehrerer tausend Menschen von allen
Nationen, Farben und Religionen, eine Menge Zelte
und Hütten, vor denen Waaren und Lebensmittel aus=
gekramt sind. Da erwartet der Eigenthümer mit seltener
Begierde zwischen Furcht und Hoffnung sein Boot, und
findet er sich in der Erwartung eines ergiebigen Fanges
getäuscht, so sind schon Bramanen (heidnische Priester)
bereit, ihm durch vielversprechende Weissagungen die glän=
zendste Hoffnung einer reichen Beute bey der nächsten
Fahrt vorzuspiegeln. Da treiben Kaufleute, Mäckler, Ju=
weliere, Marketender, heidnische Mönche, (Fakire), Bett=

ler ihr Wesen. Jeder will von der Perlenfischerey einigen Nutzen ziehen. Einige sondern die Perlen nach ihrer Größe ab, sie haben zu dem Ende kupferne Platten mit Löchern von verschiedener Größe. Alle Perlen, die in das nämliche Loch passen, werden zusammengelegt; andere wiegen sie, um sie auf der Stelle zu verkaufen; noch andere bohren sie. Dieses Letztere geschieht nicht bey den birnförmigen Perlen, die mehrentheils als Ohrgehänge gefaßt werden, auch nicht bey den ganz kleinen, die zu Stickereyen gebraucht werden, sondern nur bey denjenigen, die wegen ihrer Größe und runden Form würdig sind, auf Schnüre gereihet zu werden, um zu Hals= oder Armbändern zu dienen. Während des Bohrens werden die Perlen auf einem Tisch in Löcher gedrückt, und zugleich beständig angefeuchtet. Es gehört keine kleine Geschicklichkeit dazu, diese kleine Kugel genau durch ihre Mitte zu bohren.

Ehe die Muscheln geöffnet werden, müssen sie im Schatten liegen, bis das Thier stirbt, welches etwa 24 Stunden erfordert.

Die Perlen werden entweder in verschlossenen Muscheln, wie die Katze im Sack, verkauft, oder der Eigenthümer öffnet die Muscheln selbst, um zu sehen, wie reich sein Fang war. Bettler kaufen oft um etwas Geringes verschlossene Muscheln, und es ist schon oft geschehen, daß sie durch einen solchen Kauf plötzlich reich wurden. Vor einigen Jahren kaufte ein armer Taglöhner in Ceylon eine Muschel für beyläufig drey Kreuzer unsers Geldes, und fand darin die größte Perle, die in diesem ganzen Jahr gefunden ward.

Selbst die Gruben, in denen die Muscheln geöffnet und ihrer Perlen beraubt werden, verkauft man nachher, weil sich aller Sorgfalt ungeachtet, doch manche Perle im Sande versteckt. Es gibt Muscheln, die an 2000 Perlen enthalten; andere enthalten nur eine, oder gar keine. Perlen von der Größe einer Pistolenkugel sind in Cey= lon nichts Ungewöhnliches.

Der Grünspecht.

Der Grünspecht, ein bey uns sehr bekannter Vogel von der Größe einer Taube ist durch seine Kunstfertigkeit, sich Nahrung zu verschaffen, sehr merkwürdig. Er hat einen geraden an der Spitze keilförmigen Schnabel, kurze Kletterfüße und eine sehr lange, spitzige und vorn mit kleinen Borsten besetzte Zunge. Vermittelst dieser Ein= richtung des Körpers und von seinen mit fischbeinartigen Federschäften versehenen Schwanze unterstützt, kann er sehr behende an den Baumstämmen herum klettern, und die unter der Rinde verborgenen Würmer, Wanzen und Ameisen zu seiner Nahrung aufsuchen.

Wie er den Baum hinan klettert, untersucht er durch starke Stöße mit dem Schnabel längs den Aesten und Stämmen hin, ob es etwa angefaulte und hohle Stellen gebe. Nach einigen Hieben mit dem Schnabel sieht er jedesmal auf die entgegen gesetzte Seite des Baumes, ob Insekten hervorgekommen sind. Klingt es irgendswo hohl, so verweilt er da, und zerhackt mit dem Schnabel Rinde und Holz. Hierauf steckt er denselben in das ge=

machte Loch, und pfeift in den hohlen Baum hinein, um
die ruhenden Insekten in Bewegung zu setzen. Alsdann
streckt er die Zunge aus, und fangt vermittelst der Bor=
sten und der klebrigen Materie, womit sie bedeckt ist, alle
kleinen Thiere weg. Ameisen sind seine Lieblingsspeise,
wobey man ihn leicht berücken kann. Er nistet in Baum=
löchern, und legt drey bis vier Eyer ohne alle Unterlage
hinein, die also bloß auf vermodertem Holze liegen.

Vertrauen auf Gott.

Stub's Vater war im Meeressturme mit dem Schiffe,
auf welchem er als Matrose diente, von den Wellen ver=
schlungen worden. Seine Mutter starb bald darauf an
der Brechruhr. Der Sohn war damals eilf Jahre alt.
Er konnte sich über den Verlust seiner Aeltern nicht trö=
sten; er hatte keine Verwandte im Orte, und war so arm,
daß er weder Nahrung noch ein Plätzchen hatte, wo er
die Nacht zubringen konnte. In dieser erbarmenswürdi=
gen Lage, wo er von aller Welt verlassen zu seyn schien,
ging er mit gesenktem Haupte an das Ufer des Meeres,
Austern zu suchen, um den drückendsten Hunger zu stillen.
Er überblickte das weite Meer, in welchem sich die Strah=
len der Sonne spiegelten. Da erhob sich sein Herz zu dem
allmächtigen Schöpfer und Erhalter. „Gott und Vater"
sprach er, „der du die Sonne, das Meer und alles, was
ist, erschaffen hast, und alles, was sich in dem Meere und
in der Luft regt und bewegt, nährest und erhaltest, erbarme

dich eines armen, verlassenen Waisen! Auf dich hoffe und
vertraue ich, daß du mich nicht vor Hunger und Elend
wirst verschmachten lassen.“

Da er mit diesen vertrauensvollen Gedanken nach Au=
stern suchte, wurde er eines im Meere schwimmenden Fäß=
chens gewahr, welches die Fluthen immer mehr an das
Ufer spühlten. Er brachte dasselbe ans Land, und sah mit
Erstaunen, daß der Name seines Vaters auf dem Boden
des Fäßchens geschrieben stand. Es war so schwer, daß
er es kaum fortwälzen konnte. Er brachte es zur Obrig=
keit. Hier wurde es geöffnet. Es fand sich nur Gold,
Silber und kostbare Zeuge in demselben. Eine Schrift lag
dabey, aus welcher zu entnehmen war, daß der Vater des
Knaben einen Bruder in Ostindien, von dem er seit seiner
Jugend nichts mehr gehört hatte, aufgefunden, der über=
aus reich geworden war, und dieser ihm einen Theil sei=
nes Reichthums, der in dem aufgefangenen Fäßchen ent=
halten war, geschenkt hatte. Das Schiff, auf welchem
Stubs Vater mit dem Fäßchen nach Europa zurück
kehrte, war im Sturme mit aller Mannschaft zu Grunde
gegangen und das Fäßchen unbeschädigt ans Land getrie=
ben worden.

Alles, was im Fäßchen sich befand, wurde dem Kna=
ben als rechtmäßiges Erbgut seines Vaters zuerkannt, so
daß er auf einmal reich geworden war. So wurde Stubs
kindliches Vertrauen auf Gottes Allmacht und Güte be=
lohnt.

Inhalt.